教科力シリーズ
改訂第2版

小学校算数

守屋誠司
編著

玉川大学出版部

はじめに

　小学校の算数を教えるのにどのくらいの数学的知識が必要であろうか。

　小学校3年生であれば，1年生の弟に5＋3が8であることを「教えられる」であろう。しかし，小学校の先生になるためには大学の卒業資格が必要である。高等教育機関で教員としての専門教育を受け，さらに各都道府県等で実施される教員採用試験に合格しなければならない。苦労の末に新規採用教員として出発したとしても，まだ，教員としては未熟であり，その後の研鑽が必要である。このように「教えられる」を支える知識は，単に答えを知っているレベルでは済まされず，きりがないくらい膨大である。

　本書は，小学校教員を目指す学生や現職の先生方が教科書に書かれている内容の数学的背景を学びたいとき，自学自習ができるようにと編集・執筆された。分量としては，小学校教科専門科目「算数」半期2単位分の内容となっている。小学校の教材研究の際に利用するのにふさわしく，小学校教員になろうとする者が，最低限身につけておかなければならない内容である。第1章から順に読まれることが望ましいが，それぞれの章が独立しているため，必要な章から読み進めてもよい。また，各章の終わりには研究課題（確認問題）が示されている。参考文献等にも目を通しながら，個々の課題に取り組んでほしい。

　なお，本書の内容を十分に理解するためには，高等学校の数学Ⅰ・Ⅱ・Aまでの知識は最低必要となろう。このレベルまでの数学が小学校教員採用試験で一般に出題される範囲でもある。したがって，高等学校で使用した教科書や利用した参考書等を脇に置き，復習しながらテキストを読まれることを勧める。さらに，作図や制作をともなう内容もあるので，その際には，必要な文具等を用意して，自分で実際に

手作業を行いながら学習してほしい。内容をよく理解できるうえに，それを指導するときのポイントや留意点についても体験・体得できる。

守屋誠司

　追記：改訂第2版の刊行にあたっては，2017（平成29）年改訂の学習指導要領において算数の領域の変更が行われたことに対応した。（2021年6月）

目 次

第 1 章

算数科の学習内容と特色

　算数科での教育内容を概観する。算数を指導する際には一般的に検定教科書を使用する。そこに掲載されている内容の数学的背景を詳しく知ることは，算数指導のうえでもっとも大切なことである。「算数は数学である」と，まずは認識し，あらためて，「学習指導要領」の内容を再考してみる。

キーワード

　　　算術と算数　　算数と数学　　４領域

1　算数は数学！

　算数の指導内容は，言うまでもなく純粋数学を源にしている。しかし，算数の教科書を読んだだけでは，その内容に対応する源の数学やその意味，教育的意義がわかりにくい。

　さて，我が国では小学校で教える数学を算数と呼び，中学校からそれを数学と呼び直している。「どうして小学校と中学校以降とでこのように呼び方が違うのだろうか」「算数と数学とは内容的に違いがあるのだろうか」，こんな疑問が湧いてくる。しかし，算数の内容は，初等的ではあるが「数学」であることをあらためて確認しておきたい。教科名から算数と数学は内容が違うものだと考えがちだが，どちらも数学である。

（1）世界では

　数学は英語でMathematicsと書かれる。その起源は，古代ギリシャのマテーマティカ（$\mu\alpha\theta\eta\mu\alpha\tau\iota\kappa\acute{\alpha}$）といわれ，当時は学問そのものを意味していたという。ここで，世界の小学校の教科書を見てみたい。

図表1-1　中国　　　図表1-2　アメリカ　　　図表1-3　ドイツ　　　図表1-4　ロシア

　図表1-1は中国の小学校の教科書である。日本と同じ漢字圏であり「数学」を使っている。図表1-2はアメリカの教科書でMathematicsを使っている。図表1-3はドイツの教科書でMathematikを使っている。図表1-4のロシアの教科書でもМатематекаを使っている。このように現在では，世界的に，初等教育と中等教育以降との数学の呼び方を区別せずに使っている。我が国のように，数学の呼び方を変えて使っている国はないのではないかと思われる。英語にはArithmeticsがあるが，これは算術と訳すのが適当で，計算以外の内容が扱われている算数とは違いがある。なお，韓国でも，1938年以前は「算術」を，その後は「算数」を使っていたが，1992年よりは「数学」を使うようになった。

（2）数学教育の歴史から

　我が国の近代数学教育は1872（明治5）年の学制発布から始まった。当時の小学校は尋常小学校といわれ，算術という教科があり，1940年度まで続いた。1941年度からは，尋常小学校は国民学校と名称を変えた。このときから，教科書の名前の算術も，低学年では「かずのほん」，中・高学年では「初等科算数」と呼ばれるようになった。戦後は，算数に統一され，現在に至っている。

　明治時代の小学校算術の目的は，一般庶民の教育にあった。旧制中学校や

高等女学校は，準エリートやエリートのための教育を行う機関であり，初等教育と中等教育とには明らかな棲み分けがあった。1902（明治35）年の小学校令施行規則には，「算術は日常の計算に習熟せしめ生活上必要なる知識を与え兼ねて思考を精確ならしむるを以て要旨とす」と述べられており，小学校の数学教育の目的は，市民として生活上必要な内容の教授にあった。

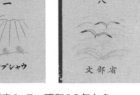

図表1-5
明治37年から

図表1-6
昭和10年から

図表1-7 昭和16年から

図表1-5は通称「黒表紙教科書」といわれる，この時代から昭和初期まで使われた算術の国定教科書である。小さな整数の範囲での四則演算から始まり，数の範囲を小数・分数に広げ，比例や歩合算を教えている。現在の「数と計算」領域に相当している。図形の内容も若干はあったが，名称とその面積計算が主で，現在の「量と測定」に相当するものであり，幾何と呼べるものではなかった。これらは，まさに算術であった。数学である代数や幾何，三角法は旧制中学校以降で扱われていた。

1935（昭和10）年から，図表1-6の通称「緑表紙教科書」が尋常小学校第1学年から年次進行で使われた。この教科書では，現在の「図形」に相当する内容が含まれるようになり，算術だけから数学に近づくことになる。

1941（昭和16）年からは，国民学校に新たな教科として「理数科」が新設された。これは，従来の算術と理科を合わせた教科で，この時間の中で，数学と理科が教えられた。このときに，算術は，数学ではなく，算数という名称に変更された。そのときの教科書は図表1-7で，通称「水色表紙教科書」と呼ばれている。国民学校第1学年と第2学年では『カズノホン』が使われ，第3学年から第6学年では『初等科算数』が使われた。奥招（1987）では，下村

市郎「理数科に就きて」(『文部省国民学校教則案説明要領及解説』, 日本放送協会, 1940年所収, pp.52‐53) を引用して, 下村 (1940)「算術なる名称は, 現在の算術には全くあてはまらないのであり, それかといって, 数学では余りに学問的名称であることから, 算数としたのである」と述べられている。

やはり, 準エリートやエリートの教育のための旧制中学校等で使われる「数学」とは一線を画すために, 小学校での数学を「数学」とは呼べなかったのである。

以上で述べたように, 戦前の初等教育と中等教育の棲み分けが, 全員が中学校に進学する今日において, 教科名以外の内容にも亡霊のように存在している。たとえば, 旧制中学校から指導された文字を使った代数計算や記号を使った幾何の論証は, 現在でも小学校では扱われずに, 中学校から本格的に指導されている。小中連携が叫ばれ, 6・3・3制の妥当性が議論されている今日では, 小学生が代数的計算や演繹的推論を使った論証を本当に理解できないのかをあらためて研究し, 小学校の教育内容としてふさわしいか否かを議論する必要がある。ただし, 数学教育学を研究する学術団体での研究成果が, 学習指導要領や教科書に反映されるまでには, 相当に長い年月がかかるであろう。そこで, 学術団体の研究会に参加し, 研究成果を知ったうえで, 日頃の算数指導を行うことがますます重要となる。

2　小学校教科専門科目「算数」の位置づけ

小学校教員第1種普通免許状を取得する際には, 小学校教職科目の指導法として「算数科指導法」(初等算数科教育などさまざまな呼び方がある) が必修となり, 小学校教科専門科目の (教科) 算数 (単に算数や教育内容算数などさまざまな呼び方がある) は選択必修科目の一つとなる。算数科指導法と (教科) 算数とはどこが違うのであろうか。

まず, 大学の理学部や工学部などで研究されたり, 教育されたりしている**純粋数学**などがある。次に, その中から小学校, 中学校・高等学校で学ぶための教育内容として選択された数学がある。それを「**学校数学**」と呼ぼう。

そして，学校数学を実際の児童・生徒に教える場面に焦点を当てたのが算数・数学科指導法となる。一方で，算数は，純粋数学と学校数学との関連や，数学関連科目・分野と学校数学との関連に焦点を当てた科目となる。大学

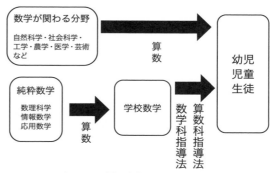

図表1-8　（教科）算数の位置づけ

の科目名では「算数」という名称が使われるが，実際は数学またはそれに近い内容を学習する科目である。大学での（教科）算数の授業内容に対して，「小学校の算数科で教えない内容を指導している」と，いぶかる学生がよくいるが，見当違いもはなはだしい。小学校専門科目の「算数」は，小学校で教える算数の内容の背景である，数学を主にして扱う授業科目である。

3　数学からみた算数科の内容と特徴

（1）教材の学年配当と系統性

　算数の教育内容の学年配置には，積み重ねを重視した系統性がある。たとえば，第2学年の九九を理解している前提で，第3学年の割り算が配置されている。もし，2年生のときに九九を十分に習熟していないでいると，3年生になったときに，割り算でつまずく可能性が大きい。

　さらに，2年生のときに九九を暗記できていなかった場合，高学年や中学校・高等学校になって暗記するのは相当にむずかしい。また，抽象的な思考は4年生の後期から始まるともいわれ，高学年なのに具体物を使った操作による学習は，せっかく，抽象的に考えられるようになった子どもの思考を低学年の思考へと引き戻している可能性がある。このような，数学には学習の時期があるといわれることも無視できない。

　学習者の認知能力を考慮した，学習内容の設定と学年配当，つまり，カリキュラム策定は，数学指導の根幹である。

実は，これがむずかしい仕事である。「学習指導要領に記載されたカリキュラムは科学的根拠があるのか」と問われると何とも答えがたい。現行のカリキュラムは，おおむね，戦前の緑表紙教科書をベースにしていると考えてよい。しかも，これまでの経験則で策定されている部分が多い。さらに，授業時間数の関係で学習指導要領が変わると，配当学年が変わる教材の例もある。

図表1-9　カザフスタンの教科書

　それぞれの教材の配当学年を科学的に決定する研究が，20世紀前半にアメリカにあったが，同様な研究は，日本ではこれまで行われていない。端的に言えば，日本のカリキュラムは経験則と算数科への学年配当時間数によって決められており，科学的根拠が十分といいがたいのである。

　したがって，これから改良の余地はおおいにある。たとえば，文字の指導は第6学年で扱われるが，小学校1年生がExcelで，セルC1に「＝A1＋B1」と入力して，セルA1とB1に，それぞれ数値を入れることで，その和をC1に表示させるという，文字の容器性を利用した代入計算ができることが知られている（守屋誠司（2014））。これは，コンピュータという機器が存在することにより，黒板とチョークで教えられていた時代の教育内容と配当学年は見直す必要があるという例である。なお，図表1-9のように，外国では，第1学年で，簡単な方程式を解く教科書もあり，グローバルに見て，日本のカリキュラムが妥当なのかを検討する必要もある。

　各学校での指導内容やカリキュラムの策定は，国で決めた学習指導要領によって決められているため，一般の教師には関係ないというわけにはいかない。つねにアンテナを張って，世界の動静を見ていることと，自分の考えを持つことが重要である。

（2）算数科の4つの領域の概要

　数学では，代数学，幾何学，解析学，確率・統計学といった，伝統的研究領域の分類がある。算数科にも学習指導要領により領域が示されている。時

代によって若干変わるが，おおむね代数学に相当する「A　数と計算」，幾何学に相当する「B　図形」，解析学に相当する「C　測定」と「C　変化と関係」，確率・統計学に相当する「D　データの活用」がある。

1）　A　数と計算

　まず，自然数の概念の理解から始まり，それに0が加わり，負でない整数の範囲での加法と減法が扱われる。次に，この整数の中で，乗法と余りのある除法が扱われる。さらに扱われる数は，分数と小数の概念とその理解へとすすみ，負でない実数に拡張される。この実数の中で，加法・減法・乗法・除法が扱われる。また，具体的場面を数式化したり，数式化した式で処理したり，その結果を具体的場面の中で解釈したりする。なお，第6学年で扱うa，xなどの文字を利用できるように，文字（式）の低学年からの系統的な指導が重要となる。

　計算は，正確さとある程度の早さが必要である。計算方法を工夫する議論をさせることはよいが，計算原理を理解させるだけでなく，やはりドリル等で習熟させることが大切である。また，低学年では，具体物の操作活動が有効であるが，高学年では，代数的ルールを使って抽象的な思考をベースに，計算原理を獲得するほうが，短時間で定着するといわれている（横地（2005，2006），渡邉（2011a,b））。

2）　B　図形

　図形では，平面図形，立体図形，空間，面積，体積，簡単な演繹推論を扱う。

　平面図形では，直線，点，辺，角，角度，三角形，四角形，円，直線の平行・垂直など，図形の名称と定義，作図方法，面積を学習する。さらに，各図形の性質（定理），合同，拡大図と縮図（相似），線対称・点対称（運動）を学習する。この過程で，定規や三角定規，コンパス，分度器を使った作図方法の習得も行われる。その後の図形概念の理解にもつながっているために，道具の使い方の習得は大変重要である。ところで，教科書では扱われていないが，曲線と曲率といわれる曲線の曲がり具合の考え方は，絵画表現とも関わって

おり，ぜひとも指導したい内容である。

立体図形では，立体の構成要素である辺・頂点・面について，また直方体・立方体・角柱・円柱とそれらの表面積と体積，および球について学習する。さらに展開図や見取り図などの立体の制作方法，表現方法を学習する。

粘土や彫塑など中が詰まっている立体を**剛体**という。また，展開図で作るような中が詰まっていない，言わば「張りぼて」を**面体**という。まず，①油粘土や紙粘土による剛体の制作活動があり，その中で曲面の出っ張りや引っ込み，曲面の曲がり具合を学習する。次に，②ジャガイモを切って平面で囲まれた剛体をつくる。③その剛体の各面を画用紙に写し取り，展開図から張りぼての多面体を作る。最後には，剛体なしで設計された展開図のみから立体を制作する。はじめは，④鉛筆立てのような6面のうち1面が空いている立体の制作である。その次に，⑤車のようにすべて平面で閉じている立体の制作に進むという，大まかな立体の指導の流れがある。小学校の教科書では，この指導手順の①②の部分がなく③の面取りからの指導であるため，展開図は簡単な直方体や立方体に限られてしまう。なお，最初の段階から指導が始められれば，高学年では，平面と平面が交わってできる一般的な二面角と，それを具現化する平行六面体の指導もできる。

空間は，立体図形の中で一緒に指導され，空間での直線や平面の平行，垂直が扱われる。小・中学校の教科書では，空間に関わる内容が少ない。とくに，二面角は重要であるが扱われていない。二面角の内容を利用する赤道型日時計の制作を通して，空間の幾何を学ぶことができる（第14章）。また，曲面とその曲がり方を扱うことは，図工などでの制作活動によい影響を及ぼす（加藤（2005a, 2005b））。

論理的に思考する方法として，帰納的推論，類推，演繹的推論，アブダクションがある。小学校では，外延的定義の際に，いろいろな形をした三角形を用意して，それらに共通な特徴をまとめるなどの帰納的推論が多く使われる。演繹的推論は，定理「三角形の内角の和が180°」であることを知った後，「四角形の内角の和は何度になるか」という授業場面で，この定理を利用して，四角形の内角の和を導き出すときに使われる。小学校2年生が説明の際に背理法を使うこともある（守屋（2019））ので，教師としては，記号論理学の入門

書を読んでおく必要がある。

3）　C　測定

1年生から，身の回りにある物を数値化し，量として扱うための準備が始まる。学年進行で，一次元の長さ（km，m，cm，mm），二次元の面積（km^2，m^2，cm^2，ha，a），三次元の体積（m^3，cm^3）へと次元を拡大しながら測定と量の指導が行われる。なお，面積と体積は図形領域の内容となっている。これら以外の量では，時間（日，時，分，秒），かさ（L，dL，mL，cc），角度（°），重さ（t，kg，g）が採りあげられる。

長さでは「量の4段階」指導の指導手法がよく採られるが，これは，量そのものを指導しているのではなく，量の数値化，単位の必要性，測定とその方法についての指導である。したがって，長さとは何か，それはどこにあるのかなどについては，cmやmという測定単位の指導と並行して指導しなくてはならない。

さらに，子ども自身で，日常生活の中からmg，cL，kLや天気予報ではhPa（ヘクトパスカル）も見つけられるほどに，量に対する関心が高まるよう指導したい。

高学年になると，複合量といわれる量が扱われる。それまでに学習した長さと時間の2つの単一的な量を組み合わせて，速度という新たな複合的な量が作られる。人口密度や濃度，仕事量なども複合量である。これらは，変化と関係領域の内容となっている。

測定の学習で大切なことは，子ども自身が量を体験したり計測を経験したりすることである。これは，後の量感を獲得するためにも必要である。そのために，教師は，まずは，量を計測するための七つ道具である，「物差し（20cmと50cm），巻き尺（10mと50m），メスシリンダー（100mLと500mL），ストップウォッチ，温度計，上皿ばかり，電子天秤」を購入する。次に，これらを使って，教師自身が，身の回りにある量を計測して，大学ノート1冊分のデータを収集する必要がある。身近なところでは，アリの歩く速さを測ってみるとよい。自分で計測を経験すると，作業のむずかしさや指導上の留意点がわかるため，子どもに指導する際におおいに役に立つ。

4）　C　変化と関係

　変化と関係では，単位あたりの量，割合，関数の考え方が内容となっている。

　関数の考え方では，まず，身近に起きている現象，たとえば，朝夕は寒いが日中は暖かくなるといった感覚的なことの中から，その変化をより詳しく調べるために，何を詳しく調べたらよいのかを考えて，時間的経過と気温を変量として抽出することにする。次に，実際の現象について測定器具（時計と温度計）を使い，2変量を抽出して，観測値を求める。その観測値を表にまとめたり，方眼紙にプロットしてグラフ化したりする。そして，時刻と気温の関係を考察するという手順で進められる。この段階では，折れ線グラフの指導と重なる内容である。高学年では，このような2変量の対応や関係の考察が，$y = ax, y = \frac{a}{x}$ の式で表現できる場合をとくに取りあげて，比例と反比例として扱うことになる。中学校での関数指導の課題として，生徒が実在の中に関数を見いだすことができないという問題がある。それを解決するためにも，小学校から，前述のような変量の決定やその抽出過程を大切にした指導をしたい。

5）　D　データの活用

　データの活用は，中学校以降の確率と統計の内容につながる。確率自体は小学校で扱われないが，第6学年で，順列と組合せが指導され，数学的確率のベースとなる。統計は，近年，強化されてきた内容であり，資料の散らばりや代表値として平均値以外に中央値と最頻値が指導される。統計は，日常生活で目にしたり，使ったり，意思決定のために利用されたりし，四則演算以外では，もっとも使われる数学であろう。それゆえに，小学校では丁寧に扱いたい。外国では，小学校低学年から確率や統計を扱っている国もある。

　統計では，教科書のデータや架空のデータを元にして指導されることが多い。原理を理解するにはやむを得ないが，理屈は知っているが実際に使ったことがないという大人を育てることにもなってしまう。教師としては，手間が掛かり大変であるが，保健室などでの実際のデータを整理して，それを使った指導をしてほしい。身近な実際のデータだと，表の作り方と集計結果の

考察だけでなく，さらに，なぜそういう結果が出てきたのかの要因やどのようにそれを解決したらよいのかなどまで考察を進められる。この過程で，統計の利用方法についても学習ができる。

（3）数学的活動

　小学校学習指導要領（平成29年告示）解説算数編では，「数学的活動とは，事象を数理的に捉えて，算数の問題を見いだし，問題を自立的，協働的に解決する過程を遂行すること」（p.23）と定義している。そしてこの活動においては，「単に問題を解決することのみならず，問題解決の過程や結果を振り返って，得られた成果を捉え直したり，新たな問題を見いだしたりして，統合的・発展的に考察を進めていくことが大切である」（p.23）としている。

　手作業や体験などを伴う活動を指しているわけではないが，低学年や新しい概念を学ぶ際には，経験や体験は重要である。低学年でインフォーマルに学習した内容を，高学年で数学的に整理してフォーマルに学習するという過程を大切にしたい。たとえば，線対称模様や回転模様は小学校入学前でも綺麗に描くことができる。この活動を十分に行い，それをてこにして高学年で線対称や点対称の定義を学び，それに基づいて正確に図形を作図するという活動が続くのである。

確認問題

1　図書館等で黒表紙教科書と緑表紙教科書，水色表紙教科書を閲覧して，その内容を比べよう。
2　算数科の領域と中学校数学科の領域を比較して，算数の個々の内容が数学のどの内容につながっていくか，その系統性を図式化しよう。

引用・参考文献・より深く学習するための参考文献
・次の文献に本書の内容がより詳しく掲載されている。
1) 横地清監修『新教科書を補う算数科発展学習教科書』シリーズ全5巻，明治図書，2005年
2) 横地清監修『算数科の到達目標と学力保障』シリーズ全6巻，明治図書，2005年

  3) 横地清監修『検定外 学力をつける算数教科書』シリーズ全6巻，明治図書，2005年

  4) 横地清『教師は算数授業で勝負する』明治図書，2006年

・奥招「算術から算数への名称変更についての一考察」日本数学教育学会誌『数学教育学論究』47・48，1987年，pp.31-34

・加藤卓「小学校低学年における空間幾何学での位置関係と立体図形の指導について」数学教育学会『数学教育学会誌』Vol.45/No.1・2，2005年a，pp.39-50

・加藤卓「第Ⅵ章　空間と立体の学習 ――位置・立体・造形」横地清監修，守屋誠司・渡邉伸樹編著『検定外・学力をつける算数教科書　第1巻　第1学年編』明治図書，2005年b，pp.106-142

・守屋誠司「図形」守屋誠司編著『小学校指導法 算数』改訂第2版，玉川大学出版部，2019年

・守屋誠司「小学校低学年からの代数の指導について ――カザフスタンの教科書を参考にして」数学教育学会『数学教育学会誌 』Vol.54/No.1・2，数学教育学会，2014年，pp.35-48

・文部科学省『小学校学習指導要領（平成29年告示）解説 算数編』日本文教出版，2018年

・横地清「事例2：分数÷分数の計算の学習」横地清・菊池乙夫・守屋誠司『算数・数学科の到達目標と学力保障 別巻 理論編』明治図書，2005年，pp.9-18

・渡邉伸樹「小中連携を意識した代数カリキュラム開発のための基礎研究（その1） ―― 小学校高学年における文字式」数学教育学会『数学教育学会誌』Vol.51/No.3・4，2011年a，数学教育学会，pp.67-79

・渡邉伸樹「小中連携を意識した代数カリキュラム開発のための基礎研究（その2） ―― 小学校高学年における分数の乗除」数学教育学会『数学教育学会誌』2010/Vol.51/No.3・4，数学教育学会，2011年b，pp.81-92

第**2**章

数と計算 1（数の構造）

　小学校での算数指導では，数の意味と加法・減法・乗法・除法の意味，そ
れら筆算の習得に多くの時間がかけられている。これらの基本でもあり，
それ以外の数学内容の基本となる集合について復習し，数とは何かについ
て学ぶ。

キーワード

集合　自然数　整数　実数　十進位取り記数法

1　数と記数法

（1）数の種類

　小学校で学ぶ数は，自然数，負でない整数や分数，小数である。ベン図でこ
れら数の集合を表す場合，表現の面倒な小数0.333…を分数では $\frac{1}{3}$ と簡単に表
せることや，小学校での計算方法の指導順序から，図表2- 1としてしまいがちで
ある。しかし，正しくは図表2- 2である。

図表2-1　陥りやすい包含関係

図表2-2　正しい包含関係

小数の中で，有限小数と循環無限小数は分数で表現できる。 しかし，円周率
πや$\sqrt{2}$ などの循環しない無限小数は，分数で表現できない。 したがって，分数
で表現できる数の集合は，小数で表現できる数の集合に含まれる。 つまり，分
数は，図表2-2のように小数に含まれることになる。 分数で表現できる数を有理
数，表現できない数を無理数といい，有理数と無理数を合わせて実数という。
以上をまとめると図表2-3のようになり，小学校では，負でない実数を扱っている
ことになる。

$$
\text{自然数} \frac{}{} \text{整数} \frac{}{} \text{実数}
\left\{
\begin{array}{l}
\text{有理数} \left\{
\begin{array}{l}
\text{有限小数} \\
\{1.23, \cdots \} \\
\text{循環無限小数} \\
\{0.333\cdots \}
\end{array}
\right. \\
\\
\text{無理数} \quad \text{非循環無限小数}
\end{array}
\right.
$$

自然数 ── 整数 ── 実数
$\{1, 2, 3\cdots\}$　$\{\cdots, -2, -1, 0, 1, 2, \cdots\}$

有理数 $\{$分数$\}$

有限小数 $\{1.23, \cdots\}$

循環無限小数 $\{0.333\cdots\}$

無理数　非循環無限小数 $\{\pi = 3.1415\cdots, \sqrt{2} = 1.4142\cdots\}$

図表2-3

（2）十進位取り記数法

　我々は通常，アラビア数字である0, 1, 2, 3, 4, $\cdots$, 9を使って数を表現する。 こ
の数字を使った3456.78は，

$$3456.78 = 3 \cdot 1000 + 4 \cdot 100 + 5 \cdot 10 + 6 \cdot 1 + 7 \cdot \frac{1}{10} + 8 \cdot \frac{1}{100}$$
$$= 3 \cdot 10^3 + 4 \cdot 10^2 + 5 \cdot 10^1 + 6 \cdot 10^0 + 7 \cdot 10^{-1} + 8 \cdot 10^{-2}$$

のことである。 このことを，一般化してみる。

　次のように表現できる数 N があるとき，

$$N = a_n \cdot 10^n + a_{n-1} \cdot 10^{n-1} + \quad \cdots \quad + a_2 \cdot 10^2 + a_1 \cdot 10^1 + a_0 \cdot 10^0 + b_1 \cdot 10^{-1} + b_2 \cdot 10^{-2} + \cdots + b_m \cdot 10^{-m}$$

　　　（ただし $a_0, a_1, \cdots, a_n, b_1, b_2, \cdots, b_m$は0, 1, $\cdots$, 9のうちの1つの数字，$a_n \neq 0$,
　　　$b_m \neq 0$)

右辺の係数 $b_m, \cdots, b_1, a_0, a_1, a_2, \cdots, a_{n-1}, a_n$ を次のように並べて記述する。

　　　$a_n\,a_{n-1}\,\cdots\,a_2 a_1 a_0.\;b_1 b_2\,\cdots\,b_m$

a_0，a_1，a_2，……を一の位の数字，十の位の数字，百の位の数字，……，また，

b_1，b_2，……を十分の一（0.1または割）の位の数字，百分の一（0.01または分）の位の数字，……という。 数をこのように並べた記述方法を，**十進位取り記数法**という。 我々が使う一般的な数はこの記述方法で書かれており，子どもにもしっかり学習してほしい内容である。

2 集合

（1）集合の意味

前節で「集合」という概念を使ってきた。集合は，数学の基本概念であり，算数の指導でも重要な概念である。たとえば，数の3の説明をするときや，赤リンゴ3個と青リンゴ5個を足すという指導でも，集合の概念が使われている。そこで，集合についてさらに詳しく学んでみよう。

集合とは，「ある特定の性質を備えた対象の集まりで，その集められている対象の範囲がはっきりしているもの」をいう。集合に含まれる個々の対象をその集合の**要素**という。集合の表し方は2つあり，1つは集合の要素を並べ，

$$\{2, 3, 5, 7, 11\}$$

と，表す方法である。 他の1つは，

$$\{x \mid x は11以下の素数である\}$$

と，文章で表す方法である。 これは，「xは素数である」 を$P(x)$と表せば，

$$\{x \mid x \leqq 11 \wedge P(x)\} \qquad （注）「\wedge」は「かつ」という意味$$

と，記号でも表現できる。

x が集合Xの要素であることを，

$$x \in X \quad または \quad X \ni x$$

と表し，xはXに属する，xはXに含まれる，Xはxを含むなどという。

x が集合Xの要素でないことは，

$$x \notin X \quad または \quad X \not\ni x$$

と表す。

xが有限の場合は「Xは**有限集合**である」といい，xが有限でない場合は「Xは**無限集合**である」という。 $\{2, 3, 5, 7, 11\}$は有限集合であり，すべての自然数やすべての素数の集合は，無限集合である。

集合Xの要素がすべて集合Yに含まれているとき，XはYの**部分集合**であるという。 これを，

$X \subseteqq Y$ または $Y \supseteqq X$

と表す。 XがYの部分集合でないことは，

$X \nsubseteqq Y$ または $Y \nsupseteqq X$

と表す。 $X \subseteqq Y$で，かつ，$X \supseteqq Y$のとき，

Xの要素とYの要素は一致する。 このとき，集合Xと集合Yは等しいといい，$X = Y$と表す。 XはYの部分集合であるが，$X \neq Y$であるとき，XはYの**真部分集合**であるという。 これを，

$X \subset Y$ または $Y \supset X$

と表す。

集合Xと集合Yのそれぞれの要素数が同じで，要素間に1対1対応があるとき，集合Xと集合Yは**同値**であるといい，$X \sim Y$と表す。 同値関係により分けられた集合を同値類という。 集合$\{1, 2\}$，$\{a, b\}$，$\{\triangle, \bigcirc\}$は同値類である。 なお，$\{1, 2\} \sim \{a, b\}$であるが，$\{1, 2\} \neq \{a, b\}$となる。

数3の説明で，リンゴ3個，車3台，犬3匹，…と，3である例を挙げるであろう。 図表2-4のように，リンゴの集合，車の集合，犬の集合があるとき，それぞれの集合の各要素に1対1対応がつき，同値類であるとき，その同値類に共通な属性として数3を考える。

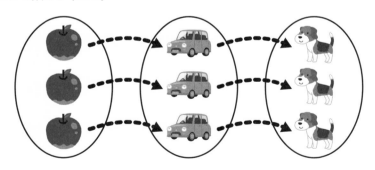

図表2-4

（2）共通部分と和集合

　最初に1つの集合Uを決めて，その要素について扱うことが多い。 この集合Uを**全体集合**といい，Uの要素で，Uの部分集合Xに含まれない要素全体の集合を集合Xの**補集合**といい，$\overline{X}$と表す。

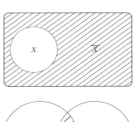

　集合Xの要素であり，しかも集合Yの要素でもある要素全体の集合を集合Xと集合Yの**共通部分**といい，$X \cap Y$と表す。

　集合Xの要素であるか，または，集合Yの要素である要素全体の集合を集合Xと集合Yの**和集合**といい，$X \cup Y$と表す。

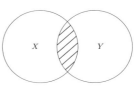

$$X \cap Y$$

　共通部分と和集合は，

$$X \cap Y = \{x \mid x \in X \ \wedge \ x \in Y\}$$
$$X \cup Y = \{x \mid x \in X \ \vee \ x \in Y\}$$

（注）「$\vee$」は「または」という意味

と表せる。

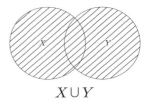

$$X \cup Y$$

　集合Xと集合Yに共通の要素がないときに，$X \cap Y$は**空集合**であるといい，$X \cap Y = \phi$と表す。 空集合ϕはどのような集合についても，その部分集合であるとする。

　これらのことを，全体集合$U = \{a, b, c, d, e, f, g, h\}$，$X = \{a, b, c\}$，$Y = \{b, c, d, e\}$，$C = \{a, f\}$で考えると，

$$X \cap Y = \{b, c\},$$
$$X \cup Y = \{a, b, c, d, e\},$$
$$Y \cap C = \phi,$$
$$\overline{X} = \{d, e, f, g, h\},$$

集合Cの部分集合は，$\{a, f\}$，$\{a\}$，$\{f\}$，ϕ，となる。

（3）集合の演算

　全体集合を定め，それぞれの部分集合に対して，和集合，共通部分，補集合を考えることを，**集合の演算**ということにする。 この3つの演算に関して，次の法

則がある。 全体集合をU, 空集合をϕ, 部分集合をX, Y, Zとする。

①$X \cap Y = Y \cap X$, $X \cup Y = Y \cup X$ （交換法則）

②$(X \cap Y) \cap Z = X \cap (Y \cap Z)$, $(X \cup Y) \cup Z = X \cup (Y \cup Z)$ （結合法則）

③$X \cap (Y \cup Z) = (X \cap Y) \cup (X \cap Z)$,
$X \cup (Y \cap Z) = (X \cup Y) \cap (X \cup Z)$ （分配法則）

④$\overline{X \cap Y} = \overline{X} \cup \overline{Y}$, $\overline{X \cup Y} = \overline{X} \cap \overline{Y}$ （ド・モルガンの法則）

⑤$\phi \cap X = \phi$, $U \cup X = U$, $U \cap X = X$,
$\phi \cup X = X$, $\overline{\phi} = U$, $\overline{U} = \phi$ （ϕとUの法則）

③の$X \cap (Y \cup Z) = (X \cap Y) \cup (X \cap Z)$において，右辺と左辺をそれぞれベン図で表すと図表2-5になり，どちらも同じ領域を表していることがわかる。

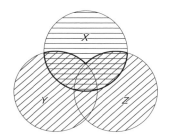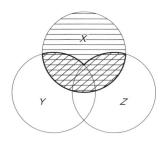

図表2-5 ベン図による説明

（4）カージナル数と加法・乗法

集合の要素の数をカージナル数といい，$n(\quad)$で表す。 ここでは，次の式が重要である。

$$n(X \cup Y) = n(X) + n(Y) - n(X \cap Y)$$

これは，「クラスの全員30名に，野球が好きか，サッカーが好きかのアンケートをしました。 野球が好きと答えた人が20名，サッカーが好きと答えた人が25名いました。 両方とも嫌いと答えた人はいませんでした。 では，両方とも好きと答えた人は何名でしょうか」 という問題で，使われる式である。

加法の定義

　加法，減法では，同じ集合のカージナル数でないと演算ができない。赤い
リンゴ 3 個と青いリンゴ 5 個を足す場合は，赤リンゴと青リンゴの上位概念で
あるリンゴの集合を考える必要がある。したがって，問いは，「赤リンゴが 3
個と青リンゴが 5 個あります。リンゴは全部で何個ありますか」となる。「ナ
スが 3 本，キュウリが 5 本あります。合わせて何本ありますか」は，問いとし
ておかしい。せめて「野菜は合わせて何本ありますか」とする必要がある。

　数 a と数 b の加法は，

　　$a = n(A),\ b = n(B)$ となる集合 $A,\ B$ をとり，

　　$a + b = n(A) + n(B) = n(A \cup B)$　　（ただし，$n(A \cap B) = \phi$）

と考える。

乗法の定義

　数 a と数 b の乗法は，**直積集合**の概念を使う。 2 つの集合 X と Y に対して，
$x \in X$ かつ $y \in Y$ である順序対 $(x,\ y)$ の全体の集合を X と Y との直積集合とい
い，記号 $X \otimes Y$ で表す。

　　$a = n(A),\ b = n(B)$ となる集合 A, B をとり，

　　$a \times b = n(A \otimes B)$

と考える。 たとえば，3×2 は，$3 = n(三角形の集合)$，$2 = n(四角形の集合)$ とす
ると，直積集合は，

$$\{\triangle,\ \triangleleft,\ \blacktriangle\} \otimes \{\square,\ \diamond\} = \{(\triangle,\square),\ (\triangleleft,\square),\ (\blacktriangle,\square),\ (\triangle,\diamond),\ (\triangleleft,\diamond),$$
$$(\blacktriangle,\diamond)\}$$

となる。 このことから，$3 \times 2 = n(A \otimes B) = 6$ となる。

　小学校の教科書では，加法はほぼこの定義を受け入れているが，乗法の導入
は「ずつの数 × いくつ分」として定義されている。 その計算方法は，同数累加
で，$3 \times 2 = 3 + 3 = 6$ と求め，次の節のペアノの公理を元にした乗法を利用して
いるといえよう。

3 ペアノの公理と自然数

（1）ペアノの公理

　自然数を数学的に構成する場合に，ペアノの公理が使われる。　ある集合Nが次の①〜⑤までの公理を満たすとき，この集合Nを自然数という。

　　①1は自然数である。

　　②各自然数nには，その後者と呼ばれる自然数がちょうど1つだけ存在する。　それをn'で表す。

　　③nが自然数ならば，$n' \neq 1$である。　つまり，1を後者とする自然数は存在しない。

　　④自然数m，nに対し$m' = n'$ならば，$m = n$である。

　　⑤（帰納公理）Mが自然数の集合で，

　　　1)　　1はMに含まれる。

　　　2)　　nがMに含まれるならば，n'もMに含まれる。

（2）自然数の加法

　この公理に基づいて，

　a，$b \in N$に対して，aとbの和（加法）$a + b$を次のように定義する。

　　1)　　$b = 1$のとき，$a + b = a + 1 = a'$

　　2)　　$b = n$のとき，$a + b$は定義されていると仮定する。

　　　　　$b = n' = n + 1$のとき，$a + b = a + n' = (a + n)'$　である。

　たとえば，2＋3の計算は，

　　$2 + 3 = 2 + 2' = (2 + 2)' = (2 + 1')' = ((2 + 1)')' = ((2)')'$

となり，答えは，2の後者の後者の後者の数，すなわち5となる。

（3）自然数の乗法

　a，$b \in N$に対して，aとbの積（乗法）$a \times b$を次のように定義する。

　　1)　　$b = 1$のとき，$a \times 1 = a$

　　2)　　$b = n$のとき，$a \times b$は定義されていると仮定する。

　　　　　$b = n' = n + 1$のとき，$a \times b = a \times n' = a \times n + a$である。

たとえば，2×3 の計算と答えは，

$$2×3＝2×2'＝2×2＋2＝2×1'＋2＝（2×1＋2）＋2＝2＋2＋2＝6$$

となる。

4　整数と実数

（1）整数

　整数の計算でとくに注意する内容として除法がある。 あらためて除法の原理を確認すると，次となる。

　2 つの自然数 a, b に対して，a は負でない整数 q, r を使って次のような式でただ 1 つに表現される。 q, r をそれぞれ a を b で割ったときの商，余りという。

$$a＝b×q＋r \qquad （0≦r<b）\quad …①$$

　これを，小学校では，$a÷b＝q …r$　と記述し，確かめ算として①の式で確認する。 しかし，割り算の場面を①の式で表現できるようにしておく必要がある。それは，中学校で学習する一次方程式のときに，「50 をある数で割ると，商が 8 で余りが 2 であった」を，ある数を x として，$50÷x＝8…2$ と記述するために，躓いてしまうからである。 この問題では，$50＝x·8＋2$ と立式しないと，方程式で解けない。

　ところで，小学校では扱わないが，$-5÷2$ の答えはどうなるであろうか。 何となく $-5÷2＝-2…-1$ としてしまいがちである。 この計算をするためには，a, b を整数まで許すとして，先の除法の原理を次のように拡大する。

　整数 a, b に対して，$b≠0$ のとき，a は

$$a＝b×q＋r \qquad （0≦r<|b|）$$

を満たす整数 q, r を使って，ただ 1 つに表現される。

　この拡大された原理を使うと，$-5＝2×（-3）＋1$ と表現されるので，正しくは，$-5÷2＝-3…1$ となる。

（2）実数の性質

　子どもに，「自然数と偶数では，どちらが多いですか」 と問うと，自然数は，1, 2, 3, 4, 5, 6, …で，偶数は 2, 4, 6, …なので，自然数の方は奇数がある分だけ多

いと答えるであろう。確かに6以下の自然数の集合 $\{1, 2, 3, 4, 5, 6\}$ と6以下の偶数の集合 $\{2, 4, 6\}$ では，前者の要素の数が多い。しかし，これは有限集合同士で比べた場合の話であり，無限集合である自然数全体の集合 N と偶数全体の集合 A とを比べるとようすが違ってくる。

　偶数の数を数えるときに，1, 2, 3, 4, 5, 6…と数え上げていく。これは次のように，A の要素に，自然数を1対1対応させていることにほかならない。

$$N= \{1, \ 2, \ 3, \ 4, \ \cdots, \ n, \ \cdots\}$$
$$\Updownarrow \ \Updownarrow \ \Updownarrow \ \Updownarrow \qquad \Updownarrow$$
$$A= \{2, \ 4, \ 6, \ 8, \ \cdots, \ 2n, \ \cdots\}$$

自然数全体の集合の要素数と偶数全体の集合の要素数は，無限に1対1対応ができ，同値となる。つまり，自然数全体の集合の要素数と偶数全体の集合の要素数は同じなのである。

　さて，では，「自然数全体の集合 N と分数（有理数）全体の集合 Q ではどちらが大きいか」を考えてみる。分数では，ある分数とある分数の間にさらに分数がある。たとえば，a と b の間に $\dfrac{a+b}{2}$ があり，さらに，a と $\dfrac{a+b}{2}$ の間に $\dfrac{a+b}{4}$ がある。このように，いくらでも，a と b の間に分数をつくることができる。この性質を有理数の**稠密性**という。そうすると，集合 Q の要素数のほうが，圧倒的に集合 N の要素数より多いと思える。しかし，Q の正の要素を次のよう表現し，矢印 → の順に数えていくことにする。$\dfrac{1}{1}$ は①，$\dfrac{1}{2}$ は②，$\dfrac{2}{1}$ は③，$\dfrac{3}{1}$ は④，…と，無限にある有理数を1つずつ数えられる。

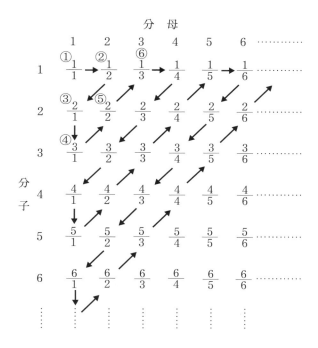

このことから，有理数全体の集合Qと自然数全体の集合Nの要素は，無限に1対1対応ができ，同値であることがわかる。 つまり，2つの集合は同じ大きさなのである。

次の疑問として，「無理数を含む実数全体の集合Rと自然数全体の集合Nの大きさはどうなのか」 がある。 説明は省くが，集合Rの要素を自然数で数え上げることはできない。 つまり，集合Rのほうが集合Nより大きい。 詳しくは参考文献に挙げてある本で勉強するとよい。

循環する無限小数の分数表記

有限小数と循環する無限小数は有理数なので，分数表記ができることは前に述べた。 有限小数を分数表現することは簡単なので，循環する無限小数の分数表記の方法を復習しておく。

例として$1.2\dot{3}\dot{4}$と$0.3\dot{5}\dot{7}$は，次のように分数表記に変換できる。

$$x = 1.234234234\cdots \qquad \cdots ①$$

とする。

$$1000x = 1234.234234\cdots \quad \cdots ②$$

②−①より，

$$999x = 1233$$

$$x = \frac{1233}{999} = \frac{137}{111}$$

$$x = 0.3575757\cdots \qquad \cdots ①$$

とする。

$$100x = 35.75757\cdots \qquad \cdots ②$$

②−①より，

$$99x = 35.4$$

$$x = \frac{35.4}{99} = \frac{59}{165}$$

確認問題

1 $X \cup (Y \cap Z) = (X \cup Y) \cap (X \cup Z)$ と $\overline{X \cap Y} = \overline{X} \cup \overline{Y},\ \overline{X \cup Y} = \overline{X} \cap \overline{Y}$ の各演算が成り立つことを，ベン図をかいて確かめよう。

2 $3 + 4,\ 3 \times 4$ の計算を，ペアノの公理に基づいた定義によって，計算しよう。

3 $0.2\dot{3},\ 3.\dot{4}5\dot{6}$ を分数表記に直そう。

引用・参考文献・より深く学習するための参考文献
・吾妻一興・武元英夫・長宗雄・松本紘司 『教育系のための数学概説』 培風館，1993年
・内田伏一 『位相入門』 裳華房，1997年
・小林善一著，森田紀一編集 『教師のための初等数学講座1 数の体系』 岩崎書店，1960年
・町田彰一郎 「整数への試み」 横地清編著 『数学教育学序説 上』 ぎょうせい，1980年，pp.39-80

第3章

数と計算 2（演算の意味）

　算数の授業では，計算を扱う時間が一番多い。「筆算形式は，すでに決まっており，それを繰り返ししっかりと指導することが計算指導では大切である」という考えが根強い。しかしここでは，筆算形式について，あらためて考え直してみた。そのうえで，加法，減法，乗法，除法の現在に合った新たな筆算形式について学ぶ。

キーワード

　　　筆算形式　　バラ数　　頭位からの計算方法

1　筆算形式の背景

　現在，算数科で教えられている筆算は，1910（明治43）年ごろに統一された。その背景になっている当時の社会情勢が，その筆算形式を必要としていた。横地清（1977）には次のようにまとめられている。

> （ⅰ）筆算は，正確な計算をするための，絶対的といえる程の重要な手段である。一歩譲っても，そろばんと相補いつつ，きわめて重大な手段である。
>
> （ⅱ）筆算は，計算の正確さが，記録に残して証拠立てられる重大な手段である。
>
> （ⅲ）子どもは，筆算の機械的な計算機になる程，訓練されねばならない。
>
> （ⅳ）実用計算の主要な部分は，金銭を中心とする，商取り引きの計算である。その商取り引きでは，金銭の計算が重要であり，そのため，筆

算は，末位まで正確に求めるようにしなければならない。

（ⅴ）筆算の形式は，国で統一的に定めるものである。

このように，当時は，筆算が唯一の記録が残せる正確な計算であった。しかし，今日の社会事情は異なっている。横地（1977）では，次のように続ける。

（ⅰ）桁数の多い数の正確な計算は，電卓に頼るとよい。その際，筆算は概算によって，電卓の計算の確かめをするものとなる。

（ⅱ）筆算よりも，むしろ，電卓がシートに打つ数が，正確な計算の証拠となる。

（ⅲ）もちろん子どもは，計算になれる必要はある。その際，重要なことは，答えの大きさの見積もりであり，その解釈である。

（ⅳ）実用計算の主要な分野は，社会科学，自然科学の普及と共に，商業に限らず，科学全般に及んだ。だから，計算で重要なことは，末位まで正しく求めることではなく，必要とあれば，それは電卓に譲り，概数を求めて判断することである。

（ⅴ）筆算の形式は，子どもと教師の立場を尊重しながら，たえず有効なものが生み出され，各地で実践されることが望ましい。

そして，筆算を行う背景が変わってきている現在では，それに見合った筆算形式を子どもに身につけさせる必要があるというのである。

2　バラ数とは

現在に見合った筆算形式を具体的にはどのようにしたらよいのであろうか。まず，「バラ数」という概念を導入して，次に，加減乗除の筆算形式について説明する。

日本語での数字の読み方の特徴は，一，十，百，千，万，億，兆，京，…，小数についても，割，分，厘，毛，…と呼称がある。さらに，整数では数字の4桁区切りに対応している。この位の呼称を使うことで，4位数2000は1桁の2千と表現できる。横地（1977）に従って，この日本独自の位の呼称を使っ

たバラ数による筆算形式について説明する。

　バラ数とは，小数を，この各位の呼称ごとに分離して，順序づけたものをいう。たとえば，234.56は，(2，3，4，5，6) と書かれる。しかし，現行の数字表現に従って数字の上に位の呼称を小さく書き，234.56と表現することとする。これに従うと，200は2と書けるので，200＋400＝600は，2＋4＝6となる。3位数＋3位数の計算が，1桁＋1桁の計算に帰着される。200とは，あくまで1が200個集まった数を表している。しかし，百を単位として，百が2個集まった数と考えられる。このように従来の各位を単位とする考え方をより強調する。200は，百が2個である2，または十が20個である20，もちろん一が200個である200とも記述できる。

3　加法と減法

（1）加法

　加法と減法では，同一単位である同じ呼称を持つ数同士を計算することが，大前提である。これを繰り返すことで，加減ができる。例1を見てほしい。まず，単位をそろえて上下に数字を書く。次に，現行の筆算では，末位の0.002と

例1

```
   百十一 割分厘          百十一 割分厘
   5 6 4 . 3 8 2          5 6 4 . 3 8 2
+  2 7 3 . 1 9 5      ⇒ + 2 7 3 . 1 9 5
   7                     7 3 7 . 4 7 7
   1 3                   8       5
         7
       4
       1 7
         7
   8 3 7 . 5 7 7
```

0.005から計算を進める。しかし，バラ数の考え方では，どの位から計算を始めてもよい。例1のように，ここでは，頭位から計算を進めてみる。5と2を足すと7となり，百の位に7と書く。次は6と7を足すと13となり，十の位から13と書く。その次は…と，位を下げながら部分和を計算する。最後に部分和を頭位から加えると答えが得られる。計算に慣れれば，部分和の記述を省略しながら書き進めるとよい。

　頭位から計算する利点は，好きなところで計算を打ち切って，概数を求められる点である。末位からの計算では，すべて計算し終わった後で概数をあ

らためて求める必要があったが，頭位からの計算ではすべてを計算する必要がないのである。例1の計算では，百の位を見ておよそ700がわかり，十の位までを眺めれば800より大きいと見当が付けられる。バラ数による頭位からの筆算は，概数による暗算とうまく調和する。なお，この後で，末位からの筆算形式も扱い，慣れさせておく。

（2）減法

減法の筆算でも位ごとの計算を強調して指導する。頭位から計算を進める。例2では，まず5から2を引くと3となる。次に，6から7が引けないので，答えの2のうちの1を崩して10として6の上に10と書き，16から7を引く。このようにして，位ごとに計算を進める。頭位からの正しい値が決まってくるので，最初の計算でおよそ300であることがわかり，十の位までを眺めれば300弱であるという見当が付く。

例2

```
  百十一 割分厘              百十一 割分厘             百十一 割分厘
                                 10                      10       10
    5 6 4 . 3 8 2           5 6 4 . 3 8 2           5 6 4 . 3 8 2
  − 2 7 3 . 1 9 5   ⇒     − 2 7 3 . 1 9 5   ⇒     − 2 7 3 . 1 9 5
  ─────────────           ─────────────           ─────────────
    3                          3 9                     3 9 1 . 2 9 7
                               2                       2     1 8
```

減法による誤算は，被減数に0を含む場合の繰り下がりのある計算で多い。例3では，2000−467の筆算での正答率は46%と報告されている（川口延ら（1976））。一の位の0−7ができないため，千の位まで借りにいき，百の位，十の位にそれぞれ9残る計算である。途中の9を忘れるために誤算が多い。

例3

【末位計算】

```
  1 9 9 10
  2 0 0 0
−     4 6 7
─────────
  1 5 3 3
```

【頭位計算】

```
       10 10 10
  2 0 0 0
−     4 6 7
─────────
  2
    1 6
    5 4
      3 3
─────────
  1 5 3 3
```

これを，バラ数の考え方で頭位から計算し始めてみる。すると，この種の誤算が回避できることがわかる。2−0で2，0−4ができないので，千の位の1をバラして10として，10−4で6，0−6ができないので，百の位の1をバラして10として，10−6で4，…と計算を進める。慣れると最初の部分は20−4＝16としてもよい。このように頭位計算だと途中に9が出てこないこ

とがわかる。なお，末位からの筆算形式も扱い，慣れさせておく。

4　乗法と除法

（1）乗法

　乗法の筆算では，頭位からの位ごとの部分積をつくっていき，最後にそれらを頭位から累加する。この際に問題となるのは部分積の末位をどの位に書くかである。そこで，"×十"は位が1つ上がる。また，"×割"は位が1つ下がるなどを，10倍，$\frac{1}{10}$ 倍と関連づけて学習しておく。

割×十＝一，一×十＝十，十×十＝百，百×十＝千，千×十＝万	… 10倍（1桁左）
分×百＝一，割×百＝十，一×百＝百，十×百＝千，百×百＝万	… 100倍（2桁左）
分×千＝十，割×千＝百，一×千＝千，十×千＝万	…… 1000倍（3桁左）
割×割＝分，一×割＝割，十×割＝一，百×割＝十，千×割＝百 …	$\frac{1}{10}$ 倍（1桁右）
割×分＝厘，一×分＝分，十×分＝割，百×分＝一，千×分＝十 …	$\frac{1}{100}$ 倍（2桁右）
一×厘＝厘，十×厘＝分，百×厘＝割，千×厘＝一，万×厘＝十 …	$\frac{1}{1000}$ 倍（3桁右）

図表3-1　位同士の計算結果

　このルールは10のべき乗計算が基になっている。被乗数の m 位の数字を a とすると実際の数は $a\times10^m$ となり，乗数の n 位の数字を b とすると実際の数は $b\times10^n$ となっている。これらを掛け合わせると，

$$(a\times10^m)\times(b\times10^n)=a\times b\times10^{(m+n)}$$

となる。そこで，位の呼称同士の計算結果を見れば，次のようになる。

$$十\times百\Rightarrow10^1\times10^2=10^{(1+2)}=10^3=1000\ \Rightarrow十\times百＝千$$
$$十\times分\Rightarrow10^1\times10^{-2}=10^{(1-2)}=10^{-1}=\frac{1}{10}=0.1\ \Rightarrow十\times分＝割$$

例4は，実際の筆算例である。

例4

百十一.割分厘
$$3.91$$
$$\times \ 35.8$$
$$\overline{\hspace{2em}9}$$

$\Rightarrow$ $3\times\overset{+}{3}=\overset{+}{9}$

百十一.割分厘
$$3.91$$
$$\times \ 35.8$$
$$\overline{\hspace{2em}}$$
9
27
15
3
4 5
2 4
5
7 2
8
$$\overline{139.978}$$

部分積
$3\times\overset{+}{3}=\overset{+}{9}$
$\overset{割}{9}\times\overset{+}{3}=\overset{-}{27}$
$3\times\overset{+}{5}=\overset{-}{15}$
$\overset{分}{1}\times\overset{+}{3}=\overset{-}{3}$
$\overset{割}{9}\times\overset{-}{5}=\overset{割}{45}$
$3\times\overset{-}{8}=\overset{-}{24}$
$\overset{分}{1}\times\overset{-}{5}=\overset{割}{5}$
$\overset{割}{9}\times\overset{-}{8}=\overset{分}{72}$
$\overset{分}{1}\times\overset{-}{8}=\overset{モ}{8}$

　まず，小数点の位置をそろえて記述する。次に頭位から計算を始める。3×$\overset{+}{3}$＝$\overset{+}{9}$なので，9は十の位の位置に書く。バラ数では，どこの位から計算してもよいので，例4では，なるべく頭位から計算してみる。次の部分積の値27は，末位が"一"なので7が一の位の位置になるように書く。これを続けて各部分積を計算した後で，頭位からそれらの和を求め，最後に，小数点を付ける。小数点の位置が，被乗数や乗数，答えで，ずれないことが特徴である。

　例5では，3.91×$\overset{+}{3}$，3.91×$\overset{-}{5}$，3.91×$\overset{割}{8}$と計算をしてみた。この方法だと，最初の3×3＝9の9の位置を決定できれば，後は1つずつ位が下がるので機械的に次の値の位置を決められる。有効数字が何桁必要であるかなどの目的によって，部分積の出し方を決めるとよい。

例5

百十一.割分厘
$$3.91$$
$$\times \ 35.8$$
$$\overline{\hspace{2em}}$$
9
27
3
15
4 5
5
2 4
7 2
8
$$\overline{139.978}$$

（2）除法

　まず，乗法が終了した時点で将来の除法につなげるために，自然数は積と被乗数より小さい数の和で表現できることを扱うとよい。　たとえば 5 の段をもとに 0 から 50 までの数を表現できることを体験させ，他の段ではどうなるかに挑戦させたらよい。

$5 \times 0 + 0 = 0$	$5 \times 1 + 0 = 5$	$5 \times 8 + 0 = 40$	$5 \times 9 + 0 = 45$	$5 \times 10 + 0 = 50$
$5 \times 0 + 1 = 1$	$5 \times 1 + 1 = 6$	$5 \times 8 + 1 = 41$	$5 \times 9 + 1 = 46$	
$5 \times 0 + 2 = 2$	$5 \times 1 + 2 = 7$ ……	$5 \times 8 + 2 = 42$	$5 \times 9 + 2 = 47$	
$5 \times 0 + 3 = 3$	$5 \times 1 + 3 = 8$	$5 \times 8 + 3 = 43$	$5 \times 9 + 3 = 48$	
$5 \times 0 + 4 = 4$	$5 \times 1 + 4 = 9$	$5 \times 8 + 4 = 44$	$5 \times 9 + 4 = 49$	

図表 3-2

　除法の筆算は，現行の方法でも頭位から計算している。　しかし，小数÷小数では，小数点の移動が問題となる。　余りが出る場合は，最初に消したはずの小数点を復活させるという作業があり，誤算につながっている。　バラ数の考え方による筆算では，小数はそのまま扱うので，小数点の移動は起こらない。　しかし，商の立つ位置を決定する必要がある。　そこで，"÷十"は位が 1 つ下がる。　また，"÷割"は位が 1 つ上がる等を，$\frac{1}{10}$ 倍，10 倍と関連づけて学習しておく。

割÷十＝分，	一÷十＝割，	十÷十＝一，	百÷十＝十，	千÷十＝百 … $\frac{1}{10}$ 倍（1桁右）
割÷百＝厘，	一÷百＝分，	十÷百＝割，	百÷百＝一，	千÷百＝十 … $\frac{1}{100}$ 倍（2桁右）
一÷千＝厘，	十÷千＝分，	百÷千＝割，	千÷千＝一，	万÷千＝十 … $\frac{1}{1000}$ 倍（3桁右）
分÷割＝割，	割÷割＝一，	一÷割＝十，	十÷割＝百，	百÷割＝千 … 10倍（1桁左）
分÷分＝一，	割÷分＝十，	一÷分＝百，	十÷分＝千，	百÷分＝万 … 100倍（2桁左）
厘÷厘＝一，	分÷厘＝十，	割÷厘＝百，	一÷厘＝千，	十÷厘＝万 … 1000倍（3桁左）

図表 3-3　位同士の計算結果

　乗法と同様にこのルールは 10 のべき乗計算がもとになっている。　被除数の m 位の数字を a とすると実際の数は $a \times 10^m$ を，除数の n 位の数字を b とすると実際の数は $b \times 10^n$ で割ると，

$$(a \times 10^m) \div (b \times 10^n) = a \div b \times 10^{(m-n)}$$

となる。　そこで，位の呼称同士の計算結果を見れば，次のようになる。

$$十 \div 百 \Rightarrow 10^1 \div 10^2 = 10^{(1-2)} = 10^{-1} = \frac{1}{10} = 0.1 \Rightarrow 十 \div 百 = 割$$

$$十 \div 分 \Rightarrow 10^1 \div 10^{-2} = 10^{(1-(-2))} = 10^3 = 1000 \Rightarrow 十 \div 分 = 千$$

例6

```
     十一. 割分                 十一. 割分
      1                        1 0.7
6.8)7 2.9 5    ⇒    6.8)7 2.9 5      …0.1 9
    6 8                      6 8
                             4 9
                               0
                             4 9 5
                             4 7 6
                             0.1 9
```

　例6は，一番間違えやすい，小数の除法で余りを出す実際の計算である。 最初は，$\overset{+}{7} \div \overset{+}{6}$ で，$\overset{+}{1}$ となるので，商を十の位に立てる。 次に，$\overset{+}{6} \times \overset{+}{1} = 6,\ \overset{+}{8} \times \overset{+}{1} = 8$ となり，72の下に68を書き，引く。 これを繰り返して割り進む。 商を小数第一位まで求めて余りを出す場合は，被乗数の小数点の位置で，余りに小数点を打つだけでよい。 バラ数の考え方だと商の概算もやりやすい。

　バラ数による，筆算形式を説明してきた。 位にある呼称を使って計算することで，筆算が，概算や暗算と同一の方法でできることがわかる。

5　分数の計算

　分数の乗除は，第5学年と第6学年に指導される。 指導上で問題となるのが除法で，とくに「割る数の逆数を掛けるとよい」をどのように指導するかである。

　たとえば，「$\frac{3}{4}$ dLのペンキで，板を $\frac{2}{5}$ m^2 ぬれました。 このペンキ1dLでは，板を何m^2 ぬれますか」 の問題では，

$$\frac{2}{5} \div \frac{3}{4} = \frac{2}{5} \times \frac{4}{3} = \frac{2 \times 4}{5 \times 3} = \frac{8}{15}$$

と計算する。

　図や数直線，割り算のルール　「割り算では，割られる数と割る数に同じ数をかけても，同じ数で割っても商は変わらない」　などを使う方法が小学校の教科書には紹介されている。　守屋編著『小学校指導法 算数』改訂第 2 版（玉川大学出版部，2019 年）を参照するとよい。

　小学校高学年生は，代数的思考が目覚め，それが伸びる時期でもある。　そこで，ルールによる説明の方が，具体的な図を使う方法よりわかりやすい。　先の割り算のルールを使う方法以外の代数的な説明を 2 つ紹介する。　なお，分数の乗法は既習とする。　また，2 つ目の説明方法では，等式の性質は理解しているとする。

【説明1】

定　義：分数 $\dfrac{b}{a}$ に掛けると答えが 1 になる分数を分数 $\dfrac{b}{a}$ の**逆数**という。

定理 1：分数 $\dfrac{b}{a}$ の逆数は，その分数の分子と分母を入れ替えた分数 $\dfrac{a}{b}$ である。

公　理：ある数に 1 を掛けても，大きさは変わらない。$\dfrac{b}{a} = \dfrac{b}{a} \times 1$

定理 2：分数の割り算では，$\dfrac{b}{a} \div \dfrac{d}{c} = \dfrac{b}{a} \times \dfrac{c}{d}$ となる。

定理 2 の説明を試みてみよう。

定義と定理 1，公理から，

$$\frac{b}{a} = \frac{b}{a} \times 1 = \frac{b}{a} \times \frac{c}{d} \times \frac{d}{c} \quad \cdots\cdots ①$$

となる。

一方で，かけ算と割り算の関係から，

$$\frac{b}{a} \div \frac{d}{c} = x \quad \Leftrightarrow \quad \frac{b}{a} = x \times \frac{d}{c} \quad \cdots\cdots ②$$

①と，②の右の式を比べると，$x = \dfrac{b}{a} \times \dfrac{c}{d}$ であることがわかる。

これは②の左の式の x と等しいので，

$$\frac{b}{a} \div \frac{d}{c} = \frac{b}{a} \times \frac{c}{d}$$

となる。

【説明2】　等式の性質が理解できていると，説明はかなり簡単になる。

$$\frac{b}{a} \div \frac{d}{c} = x \quad \Leftrightarrow \quad \frac{b}{a} = x \times \frac{d}{c}$$

から，

$$x \times \frac{d}{c} = \frac{b}{a}$$

等式の性質より，両辺に $\frac{c}{d}$ を掛けても等式は成り立つので，

$$x \times \frac{d}{c} \times \frac{c}{d} = \frac{b}{a} \times \frac{c}{d}$$

$$x = \frac{b}{a} \times \frac{c}{d}$$

したがって，

$$\frac{b}{a} \div \frac{d}{c} = \frac{b}{a} \times \frac{c}{d}$$

となる。

確認問題

1　現行の筆算形式とバラ数による筆算形式とで加減乗除の筆算を行い，どのような違いがあるかをまとめよう。さらに，バラ数を指導する際の注意点を分析して，学年を設定したうえで学習指導案を書こう。

2　分数×分数，および，分数÷分数の計算方法を，図や数直線，代数的方法のそれぞれで説明しよう。さらに，それぞれのメリットと指導の際の注意点をまとめよう。

引用・参考文献・より深く学習するための参考文献
・川口廷・花村郁雄編『算数の完全指導 —— つまずき分析と診断・治療1年・2年/3年・4年/5年・6年』学芸図書，1976年/1977年
・藤井斉亮・他『新しい算数』1年～6年下（平成22年版），東京書籍，2010年
・横地清「筆算形式と概算について」，数学教育学会『研究紀要』Vol.18/No.1・2，数学教育学会，1977年，pp.24-35

・横地清監修『検定外 学力をつける算数教科書』シリーズ全6巻，明治図書，2005年
・横地清監修『算数科の到達目標と学力保障』シリーズ全6巻，明治図書，2005年

第4章

数と計算 3（代数の導入）

　本章では，代数の導入として，主に文字式についての数学的な背景について述べる。学校教育での代数とは，数の代わりに文字（x, y）を用いて，解を求めたり，数式の構造を調べたりする数学の1つの分野である。第1節では，小学校低学年から段階的に指導されている実際の指導にふれながら，式と文字式についての数学的な背景や子どもの認識を述べる。第2節では，現行の教育内容に関する認識を深め，数学教育学の研究への動機づけとして，先進的な小学校の代数教育について述べる。

キーワード

　　式　文字式　恒等式　方程式　連立方程式

1　式と文字式

（1）式とは何か

　小学校だけに限らず，中学校・高等学校を通して，私たちは，式を用いて算数・数学を学習してきた。しかし，改めて式とは何であるかを考えてみると，説明できるであろうか。もし，「式は，加減乗除の四則計算の結果を表現するものである」と考えていたとすれば，十分な理解ではない。とくに，小学校の子どもたちは，教えられたことをそのまま受け入れる時期である。したがって，子どもたちに式の書き方を指導する際には，「式」をどのような意味で使っているのかを理解したうえで，授業のなかで適切に用いること

が大切である。

　たとえば，式に用いる「＝」という等号の意味について，適切な指導がな
されなければ，子どもたちは，「『＝』の右辺は計算の答えを書く」と認識し
ていることが指摘されている。北村純一 (2009) が公立小学校全学年690名の
児童を対象に行った調査の数値をもとに表・グラフを作成すると，下記の図
表4‐1のようになる。この調査では，表中の①〜⑤の等式について，正し
いと思うか否かを○・×の二者択一で回答を求めている。この結果から北村
(2009) は「小学生児童は，全学年において『＝ (等号)』が計算結果を表す記
号として捉えているということ。－中略－ 3年生で『＝ (等号)』が相等性を
表す記号として捉えることができるようになる児童が増えるということ」を
明らかにしている。

　この例のように，子どもたちは，既習の右辺に答えを書くという学習のた
めに，等号の意味を十分理解していない可能性がある。教員は，このことを
数学教育学の知識として知ったうえで，適切に指導し子どもたちの認識を高
める必要がある。

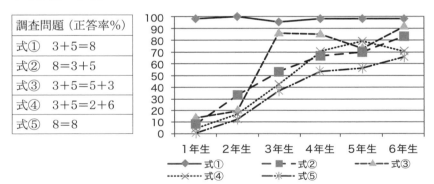

図表4-1　アンケート調査の問題とその結果

　では，式には，どのようなものがあるのであろうか。式は，一般的にさま
ざまな形式で使われる。46ページ図表4‐2のようにストリャール (1976) の
示した式全般の分類に，恒等式の分類を新たに加え各式の例を加え提示する。

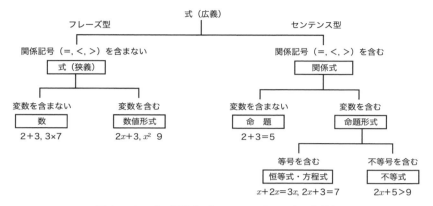

図表4-2　式の類型（ストリャール（1976）に加筆）

　この分類によると，式はまず関係記号（＝，＜，＞）を含まないフレーズ型と，含むセンテンス型に分類される。そして，それぞれの型は，変数を含むか含まないかで分類される。さらに，変数を含む関係式は，等号・不等号の有無によって分類される。

　このように，狭義では，関係記号を含まなくても式として扱う。児童に，「答えが5になる式はどんな式があるでしょう」と発問するときは，「2＋3」「2＋3＝5」「$x-2=3$」などの形式が考えられるので，どの形式で表現させることを求めているのかを明確にする必要がある。

　さて，等号を含む式には，さらに恒等式と方程式がある。恒等式とは，等式に含まれる変数が，変域のどの値をとっても成り立つ式であり，方程式は，変数が特別な値のときにのみ成り立つ式である。恒等式という名称は，高校で扱われるが，2＋3＝5のように，左辺と右辺が等しくなるように式を変形（計算）する考え方は，小学1年生から学習している。これらの式の違いは，計算過程の表し方にある。恒等式は，等号「＝」を用いて，等しい数式を1つの鎖でつないでいるようなイメージで計算過程を表している。方程式は，

【恒等式の例】

$$ax + bx = (a+b)\,x$$
$$(x+1)^2 = \cdots = x^2 + 2x + 1$$

【方程式の例】

$$x - 2 = 3 \quad \Rightarrow \quad x = 5$$
$$(x+1)^2 = x^2 - 3 \quad \Rightarrow x = -2$$

左辺と右辺が等しいという関係を保ったまま，同値変形を行っている。子どもたちは，1年生から恒等式の式変形を学習してきているので，この表現方法の違いを意識できず，中学校で方程式を学習する際につまずくことがある。その指導の際は，「＝」の意味が，両辺の関係が等しいことであると，改めて意識させる必要があろう。

【恒等式の計算過程】

$$3(2a-4)-5(a+3)$$
$$=6a-12-5a-15$$
$$=(6-5)a-(12+15)$$
$$=a-27$$

【方程式の計算過程】

$$(x+1)^2=x^2-3$$
$$x^2+2x+1=x^2-3$$
$$2x=-4$$
$$x=-2$$

　さて，恒等式の指導に関する具体的な指導内容と子どものつまずきの例を挙げよう。2年生では，3つの数の足し算・引き算と（　）の使い方を学習する。たとえば，「公園で5人の子どもが遊んでいます。4人が遊びにきました。次に3人が遊びにきました。みんなで何人になったでしょう」という文章題がある。この単元では，多様な考え方ができるように，遊びにきた子どもの数をまとめて考えられるようにすることがねらいである。この指導の際に，5＋（4＋3）＝12とだけ式を書かせることは，子どものつまずきを見つけるために望ましくない。

【児童の誤答の例】

①5＋（4＋3）　②5＋（4＋3）　③5＋（4＋3）　④5＋（4＋3）
＝7　　　　　　＝9＋3　　　　　＝5＋8　　　　　＝5＋7
＝5＋7　　　　＝12　　　　　　＝13　　　　　　＝13
＝12

　まず①は，等号の意味を意識できておらず，与式と2段目の式に等しい関係がない。2段目と3段目も同様である。答えは12と正しく，頭の中で行っている計算過程も正しいが，式表現につまずきがある。②は，1年生段階の考え方で解いている。2年生での多様な考え方が身についていないことが途中式からわかる。③と④は，答えが13と異なっているので，計算を間違えていることを教師は気づくことができる。もちろん単純な計算ミスもあり得るが，常に同様の誤答を子どもがしているならば，どの段階の認識でつまず

いているのかが明らかになる。③は，4＋3を間違えており，1年生の数の分解・合成の単元でつまずいていることがわかる。④は，5＋7を間違えており繰り上がりのある足し算でつまずいていることがわかる。つまり，机間指導や個別指導の際に，13という誤答の途中式から，どのような内容や方法で指導するべきか変わってくるのである。このように，恒等式を意識して途中式を書かせることは，子どもたちのつまずきを読み取る重要な手掛かりとなるのである。

（2）小学校で扱う「文字式」について

　小学校で文字式が指導されるのは，何年生からであろうか。実際に，文字 (x, y) が扱われるのは高学年からであるが，文字式を用いる方程式の考え方は低学年から指導される。たとえば，1年生では，足し算・引き算の応用問題として，□＋2＝5，□－2＝5のような，□に数を当てはめる課題を学習する。また，文章題では，「公園で何人かの子どもが遊んでいます。2人が遊びにきたので，今5人います。はじめに何人いたでしょう」のような課題を2年生から学習する。このような，答えをもとにして，はじめの数を求める文章題を逆思考型の問題という。通常の文章題は，順思考型という。

　さて，未知数を表す□，△，○や文字 x, y は，何年生で学習するだろうか。上記のとおり，未知数を表す記号□を用いた式は，逆思考型の問題で2年生に学習し，同様に3年生では掛け算や割り算で学習される。4年生では，右下のように整数の計算法則の表現で用いられる。5年生では，その未知数に含まれる数が小数と分数に拡張される。6年生では，未知数や変数の意味をもつ文字の役割として○，△，□や x, y を用いて数量関係を表すことになった。そして，比例・反比例の変数を表す記号として文字 x, y が指導される。また，連立方程式に関しても，文字を使って解かないが，加減法を使った素朴的な解法は，次ページの図表4‐3のように，5年生「同じものに目をつけて」という単元で指導されている。

【計算法則】

○×□＝□×○ （交換法則）

（○×△）×□＝○×（△×□） （結合法則）

（○±△）×□＝○×□±△×□ （分配法則）

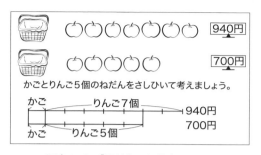

図表4-3　「同じものに目をつけて」

　さて，小学校では「言葉の式」も扱われる。たとえば，「台形の面積＝（上底＋下底）×高さ÷2」「定価＝仕入れ値×（1＋利益率）」である。方程式の指導を背景として，どのような数のときでも考えられるように，言葉の式で学習のまとめをする。その際，児童の実態に合わせて，言葉の式と文字式を合わせて板書すると，高学年への素地づくりとなろう。

　次に，具体的な指導内容で文字の指導のねらいについて述べよう。小学校算数科の6年生の教科書では，下の図表4-4のように，未知数を表す記号として数量関係を〇や□で表し，その代わりとして文字が導入される。これらの指導のときには，文字を用いる利点を子どもたちが感じられるように指導することが大切である。

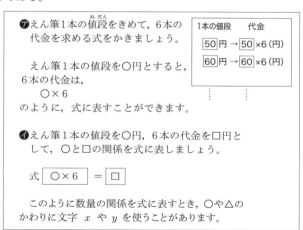

図表4-4　文字の導入場面

数学における文字の利点は，大きく以下の3つがあるとされる。

　　①多くの数量関係を表す式を1つの文字式で一般的に表すことができる。

　　②文字式そのものを計算や思考の対象として考えることができる。

　　③正確に書き表せない数を表すことができる（円周率π，自然対数eなど）。

　たとえば，利点①は，図表4‐4の課題で，50×6（円），60×6（円），…という多くの式をx×6と，一般的に1つの式で表せることである。利点②の例は，偶数や奇数の和や積の性質が，文字式で表すことでその文字式を思考の対象として，証明できるようになることである。そして，利点③の例は，無限に続く円周率をたった1つの記号をπで表すことが挙げられる。これらの利点により数学をより一層発展させることにつながったといえる。その一例として，世界で最も美しい数式と言われるオイラーの等式「$e^{i\pi}+1=0$」（iは虚数単位）も発見されることになった。

　さて，一般的には，文字の意味として未知数，変数，定数といった3通りが述べられ，どの意味から導入することが望ましいかが議論されている。これらの用語は，使われる場面によって，次のように用いられる。

　　①定　　数：ある定まった大きさの数を示す（例：π円周率，e自然対数，i虚数単位，比例定数）

　　②未知数：方程式に含まれる未知の数を示す（例：$x-2=3$）

　　③変　　数：ある変域の数全体を示す（例：$f(x)=2x+3$）

　しかし，加藤（1965）は，この3通りの意味の前段階として，文字（数）は「実質性」と「容器性」を持っていることを指摘している。実質性とは，文字がその場面では同一不変な実質（数量）を持ち，同じ文字は同一の数量を表していることである。たとえば，$x+x+x$を$3x$と計算するように，同じ文字は同一の数量を表している。また，方程式を解く際に，加減法で同類項を消去したり，係数をそろえるために式を整数倍したりする際に用いられている概念である。この実質性の理解が，文字式の式変形には必要となる。一方，容器性とは，変化しうる中身を入れた容器の意味として捉えられることである。たとえば，数値の代入や関数の変域を考えることなどである。小学校では，文字が実質性と容器性の両方の側面を持つことを指導することになり，これら実質性，容器性が文字の素朴的概念と捉えられる。

このように，その有用性のために，さまざまな意味で用いられる文字は，小学生にとって，初めから明確な区別がつくわけではないが，教員はそれぞれの意味を理解しながら，文字を用いる利点を感じさせることが大切である。

【等式の性質】

A＝Bならば

① A＋C＝B＋C

② A－C＝B－C

③ A×C＝B×C

④ A÷C＝B÷C

$(C \neq 0)$

文字の導入の後は，図表4-5のように，xの値を変えながらyの値を求め，yの値からxを求める学習を行う。教科書の指導では，xにいくつかの値を代入させながら解を求める。比例・反比例のための前段階として，文字を変数として扱っているためである。ただし，学習指導要領は最低基準であるので，子どもの実態に応じて，上のような等式の性質を指導することで，方程式の解を求める学習としての指導も可能である。次節にて詳述するが，子どもたちは，当てはまるxの値を順に代入して適切な数を探すのではなく，的確に解く考え方を欲し，既習である逆算の考え方や等式の性質を用いて解を求めていた。子どもたちの現状の認識に合わせて，ぜひ多様な方法で教育実践をしていただきたい。

ウ xの値を60，70としたとき，それぞれに対応するyの値を求めましょう。

$x＝60$のとき，$\boxed{} ×6＝\boxed{}$　　$y＝\boxed{}$

$x＝70$のとき，$\boxed{} ×6＝\boxed{}$　　$y＝\boxed{}$

エ yの値が300，480となるxの値を求めましょう。

図表4-5　x, yの値の求め方

2　小学校における先進的な教育実践

前節では，式と文字式について，その意味と実際の指導と関連させて述べた。本節では，小学校における方程式・不等式に関する先進的な教育実践の一端を述べる。これらの教育実践を知ることで，教育現場で子どもたちに授業をする際や教材研究を行う際の視点にしてほしいと願っている。

(1) 低学年を対象とする教育実践

　前節で述べたように，文字式・方程式・不等式の指導は，小学校から扱われる。しかし，「文字式」「方程式」という単元が中学校で記述されるので，中学校から指導されると考えられていることが多い。小学校の高学年で扱われた時代は多少あるが，日本では，長年にわたって文字式・方程式・不等式の指導が中等教育段階とされていた現状を考えれば当然である。しかし，世界に目を向けると，違った視点が開かれる。宮本敏雄(1958)は，ソビエト連邦(現ロシア連邦)で小学校1年生から $6+x=10$ のような未知数 x を扱っていることを示し，横地清(1977)も同様に，旧東ドイツの1年生で方程式を扱うことを明らかにしている。さらに，守屋(2013)は，カザフスタン(旧ソビエト連邦下)の1年生の教科書の特徴として，「⑤□は未知数，変数の意味で使われ，その後で x，y 等の文字に置き換わる」「⑥文字式と方程式の違いが指導されている」「⑦逆思考を使う解法であるが，方程式の解法とその書式，確かめ算が指導されている」と指摘し，近年でも小学校低学年から，文字式の指導がされていることを明らかにしている。

　以上のように，諸外国の数学教育を参考しながら，これまでの日本の数学教育に適した形で，文字式をいつどのように扱うべきかを明らかにする必要がある。そのような方針に知見を与える実践研究がなされているので，以下に紹介する。

　1)　1年生への文字の容器性の指導

　守屋誠司(2003)は，当時小学校教員であった渡邉伸樹(現関西学院大学教授)に指導を依頼し，図表4-6のように，小学校1年生を対象に表計算ソフトLotus(Excelと同様)を利用して，文字の容器性を指導している。授業実践の詳細は，守屋(2003)と渡邉(2003)に詳しい。

図表4-6　子どもの作品

　この教育実践のねらいは，次の3つであった。「①1年生を対象に，可変性(容器性と同意)としての文字の学習を行う。②代数的思考で演算の構造を

発展させる。③Lotus（Excelと同様）の操作を学ぶ」

　実践の結果として，守屋（2003）は，小学1年生でも次のことができることを明らかにした。「①可変性をもつ文字数を扱うことができる。②文字式を使った演算の構造をも発展させることができる。…略…」と述べ，1年生での文字の容器性の指導が可能であることを明らかにした。

2）　1年生への文字式（方程式）の指導

　太田直樹・守屋（2014）では，54ページ図表4‐7のように，1年生を対象として，方程式の指導を行った。指導の目的は，一元一次方程式と不等式が1年生に指導できることを実証することであった。また，全8時間の指導のなかで文字の容器性，逆思考型の文章題への応用，不等式の解法を扱った。この実践の結果，1年生の子どもたちが，文字式の容器性を理解し，逆算を利用して解を求められることを示した。さらに，未知数を表す記号は，□であっても，文字であっても，方程式を解くうえでは影響がないことを明らかにした。

（2）中学年を対象とする教育実践
4年生への連立方程式の指導について

　太田・守屋（2012）では，54ページ図表4‐8のように，4年生に連立方程式の指導を行った。この実践は，図表4‐3で示した文章題と同様の構造を課題とし，未知数はx，yとした。

　そして，この実践の結果により，数の範囲を自然数に限れば，連立方程式の解法は，指導可能であることを示した。具体的には，簡単な代入法は，割り算を学習した第3学年から指導することができる。さらに，加減法は，第4学年で簡単な加減法を扱い，第5学年で係数の整数倍を必要とする加減法を指導するとよいであろう。ただし，文字の導入段階では，子どもの実態に応じて，文字と⒜⒝（かごとりんごを表す）のような記号による図（実質は連立方程式）を併用させながら，代数思考に慣れさせ，徐々に文字を活用できるようにするのがよいと考えられる。

図表4-7　方程式の解法の説明　　　　図表4-8　連立方程式の板書

（3）高学年を対象とする教育実践
6年生を対象とした分数の乗除の指導と文字式の主格変換について

　渡邉（2011a）では，6年生に，□や△のプレースホルダー（容器性と同意）を x，y の文字に代えて使うことを指導し，「文字式のルール」を指導してから，四則演算 $z = x + y$，$z = x - y$，$z = x \times y$，$z = x \div y$ の各式で，$x =$ ，$y =$ への式変形（文字式の主格変換という）を指導した。その結果，6年生であれば，等式の性質を理解し，主格変換を行えることを明らかにしている。そしてさらに，渡邉（2011b）では，分数の乗除の計算方法を，従来のような面積図や線分図等による説明を使わず，代数の計算のルールを積み重ねながら理解させる方法を試みている。渡邉の示す具体的な展開を読み取り，分数÷分数の指導場面での式の変形を示すと図表4–9のようになる。なお，はじめの式変形は，8÷□＝2 ⇒ □×2＝8のような逆演算として用いているので，子どもたちは理解可能な式変形である。

$$\frac{a}{b} \div \frac{c}{d} = \square$$

$$\square \times \frac{c}{d} = \frac{a}{b}$$

$$\square \times \frac{c}{d} \times \frac{d}{c} = \frac{a}{b} \times \frac{d}{c}$$

$$\square = \frac{a}{b} \times \frac{d}{c}$$

図表4-9　計算過程

　この教育実践の結果，「分数の乗法・除法では，代数的な導入は6年生でその意味は十分に理解できる。この導入での教育では，分数の乗法・除法が理解できるにとどまらず，子ども達が，わかりやすい，楽しいと考え，子どもの認識に見合っている」とし，代数的な指導の有効性を明らかにしている。

　以上のように，小学校での「数や計算」領域の指導は，数の理解や計算技能に重きが置かれている現状がある。もちろんそれらの指導も大切であるが，小学校では，子どもたちの代数的な考え方を育てるという視点も必要であろう。そのためには，本章で述べたように，小学校で扱っている内容の数学的な背景を教員が理解したうえで，中等教育段階への接続を意識することが望ましい。本節で述べた教育実践も，まだまだ改善の余地はあろう。教材研究の視点の1つとして，子どもたちの代数的な思考を伸ばすために，積極的に実践研究が行われることを願っている。

確認問題

1　等号・不等号の意味の理解についての子どもの認識（つまずき）を考え，それを改善するための指導方法を考えよう。
2　方程式の指導の系統性を調べ，それらの指導の困難点を挙げよう。さらに，その具体的な指導方法を考えよう。
3　数学用語の同値関係，順序関係について理解し，学校教育の中で扱われている記号とのつながりを考察しよう。
4　子どもの学習意欲喚起を目的として，次に述べる数学者をもとに，方程式の発展に関する数学史を調べ教材化しよう（フランソワ・ヴィエト，ジローラモ・カルダーノ，エヴァリスト・ガロア）。

引用・参考文献・より深く学習するための参考文献
・石村園子『すぐわかる代数』東京図書，1999年
・太田直樹・守屋誠司「小学校における連立方程式の発達過程と教育実験の成果」数学教育学会『数学教育学会誌』Vol.52/No.1・2，数学教育学会，2012年，pp.31-47
・太田直樹・守屋誠司「代数カリキュラムの開発と教育実践による検証 ── 低学年における文字式（方程式・不等式）の教育実践」数学教育学会『数学教育学会誌』数学教育学会（査読中），

2014年

・加藤国雄「数学の問題解決における思考（その11）——代数的思考について」『山梨大学学芸学部研究報告』第16号，山梨大学，1965年，pp.199-204

・北村純一「代数的推論による関係的な見方・考え方を育てる指導」『第91回 全国算数・数学教育研究（京都）大会 発表資料』日本数学教育学会，2009年

・ストリャール「第14講 数学における言語」宮本敏雄・山崎昇訳『数学教育学』明治図書，1976年，pp.227-240

・中原忠男編『算数・数学科重要用語300の基礎知識』明治図書，2000年，pp.179・180・204・205・208・225・243・265・298

・宮本敏雄「Ⅱソヴェト」横地清等『諸外国の算数教育』啓林館，1958年，pp.99-146

・守屋誠司「『数と計算』から発展させる情報教育」横地清・守屋誠司編『低学年算数での情報教育』明治図書，2003年，pp.23-39

・守屋誠司「小学校低学年からの代数の指導について——カザフスタンの教科書を参考にして」数学教育学会『数学教育学会誌』Vol.54/No.1・2，数学教育学会，2013年，pp.35-48

・横地清「Ⅳ代数はどこにもある」横地清『大人のための算数教室』ぎょうせい，1977年，pp.203-216

・渡邉伸樹「代数の体系化をめざして　そのⅠ——小学校1年生における文字のExcelによる指導」数学教育学会『数学教育学会誌』Vol.43/No.1・2，数学教育学会，2003年，pp.25-34

・渡邉伸樹「小中連携を意識した代数カリキュラム開発のための基礎研究（その1）——小学校高学年における文字式」数学教育学会『数学教育学会誌』Vol.51/No.3・4，数学教育学会，2011年a，pp.67-80

・渡邉伸樹「小中連携を意識した代数カリキュラム開発のための基礎研究（その2）——小学校高学年における分数の乗除」数学教育学会『数学教育学会誌』Vol.51/No.3・4，数学教育学会，2011年b，pp.81-92

第5章

量と測定 1（基本的な量）

　本章第1節では，量の分類・性質を整理し単位の成り立ちについて述べる。特に量の性質についてはその後の指導法の改善につながる重要な事柄であるが，従来の教科書ではほとんど扱われてこなかった。

　次に量の4段階指導とその意味について述べ，量感の養成の必要性について述べた。量感は自然に身につくものではなく，五感を生かしながら実測を通して養われるものである。

　第2節では，長さや面積，体積の定義を述べた。そのうえで不定形の求積指導の必要性を論じ，重さや角度の量としての性質とその重要な点をまとめた。教科書による指導の限界を理解しその改善を志向することが重要である。

キーワード

　連続量　量の性質　量の4段階指導　カバリエリの原理

1　量とは

（1）離散量と連続量

　日常生活における事物には，質と量の2つの側面がある。かわいい，美しい，おいしいのように数値に表せないものが「質」，長さ，重さ，時間などのように数値化して測定できるものが「量」であるということができる。また，広い意味での量は比べることができる，物の属性あるいは状態の抽象と

いうことができる。

　そのうち，0を含めた自然数（整数）を用いて表すことができる量を「離散量」，連続していてそのままでは数値化することができない量を「連続量」という。

離散量：車の台数（台），卵の個数（個），本の冊数（冊）など

　　　　最小単位が存在する，直接数えられる

連続量：水の量（ℓ），長さ（m），面積（m²），速さ（km/時），密度（g/cm³）など

　　　　自明の最小単位が存在しない（いくらでも小さくできる）

　　　　直接数えられない

（2）単一量，複合量

　連続量のうち，ただ1つの単位からなり「加法性」を持つ量を「単一量」，加法性を持たず複数の量の乗除演算で構成される量，組立量のことを「複合量」という。

　複合量には，密度や速度など，異種の量の割合である「度」，食塩水の濃度や利率など同種の量の割合の場合を「率」という。

（3）小数，分数

　連続量は，極限まで分割することができるため，最小単位が決まることはない。その大きさは，任意の単位を決めて測定によってその単位のいくつ分であるかを，数値によって表すことになる。このときの端数に小数や分数が必要となり，連続量は小数，分数，有理数，無理数まで含め連続性を持った実数で表すことになる。

　以上の事柄を整理すると，以下のようになる。

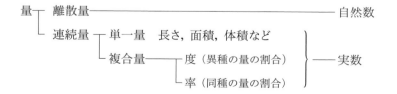

(4) 量の性質

　量にはいろいろな性質がある。長さ，面積，体積は，直接的に見ると異なる種類の量である。長さは，任意の 2 点間の距離であり，線分，折れ線，任意の曲線について決められる大きさである。面積は，ある種の平面図形や空間内の任意の面について決められる量である。しかし，これらの量には共通な性質を認めることができる。ここでは単一量の性質を取り上げる。

量の保存性（不変性）

　量は形や位置を変えても大きさは変わらない。つまり変形，移動，分割しても全体の総和は変わらないという性質がある。

比較可能性

　量は比べることができるという性質があり，同種の 2 量では大きい，小さいという大小関係，等しいという相等関係が成り立つ。したがって，量は大きさの順に並べることができる。

①　$a < b,\ a = b,\ a > b$ のうち，いずれか 1 つだけが成り立つ。

②　$a < b,\ b < c \Rightarrow a < c$　（推移律）

加法性

　同種の 2 量 a，b に対して，その和にあたる同種の量 $a + b$ が一意に定まるという性質がある。

①　$(a + b) + c = a + (b + c)$　　（結合律）

②　$a + b = b + a$　　　　　　　　（交換律）

③　$a + c = b + c \Rightarrow a = b$　　（簡約律）

④　$a < b \Rightarrow a + c = b$　となる c が存在する。

稠密性

　同種の 2 量 a，b（ただし $a < b$）について，a と b の大きさがどれだけ近くても，必ず a と b の間には c が存在する（$a < c < b$）という性質がある。

等分可能性

　1 つの量 a が与えられると，任意の自然数 n に対して，$a = nb$ となる b が存在する。ただし，$nb = \underbrace{b + b + \cdots + b}_{n 個}$　である。

測定性

$a < b$ であるとき，$na \geqq b$ となる自然数 n が存在する。（アルキメデスの公理）

(5) 量の分類

横地清（1978）は，量を次のように分類し，その特徴をまとめている。

①空間的量　長さ（距離），広さ（面積），かさ（体積）

②時間的量　時間

③物的量　重さ

④速さ（距離/時間）

⑤密度（重さ/体積）

⑥実在に合わせて，改めて作られた量　濃度，比率，平均値など

①②③について

・大きさが考えられ，順序関係が定められる。

・大きさは連続性がある。

・量の分割，合成について，大きさは加法性がある。

・大きさは適当な単位で実数として表現でき，加減の演算が適用できる。

④について

　一般に速度というと，大地に立った観測者から見た物体の運動の速度のことをいう。または静止している基準点から見た物体の運動の速度のことを指す。

　たとえば，速度50km/hで走っている電車内の乗客が，進行方向に時速3km/hで歩いている場合，ホームに立っている人からは乗客は時速53km/hで進んでいるように見える。この速度を「相対速度」と呼ぶ。

　複合量は加法は成り立たないが，この「見かけの速度」の場合は，見かけの速度＝電車の速度＋歩く速度の加法や，2つの物体の移動方向が反対の場合，減法が成り立つ。

④⑤について

・大きさが考えられ，順序関係が定められる。

・大きさは連続性がある。

・それぞれの量を適当な単位で測定すれば，実数として表現できる。

・それぞれの量と構成する要素との間に，特定の乗除関係が成り立つ。

⑥について

　　・大きさが考えられ，順序関係が定められる。

　　・大きさは連続性がある。

　　・それぞれの量を適当な単位で測定すれば，実数として表現できる。

　　・それぞれの量と構成する要素との間に，量の決め方に応じた演算関係
　　　が成立する。

　小島順は線形代数を元に量を「線形量」と「アフィン量」の2つに分け，
小島理論をもとに藤井淳一が「射影量」と呼ぶ3つの分類を提唱している。

線形量：一般のベクトル空間の定義が当てはまる量

　　　　時間，距離，重さ，面積，体積など

　　　　和（差），スカラー倍がある　例）2m＋3m＝5m，2m×3（2mの3倍）

アフィン量：アフィン空間の構造と密接な関係を持つ量

　　　　時刻，位置，温度など

　　　　線形量との加法ができる，差は線形量となる，加重平均ができる

　　　　例）4時＋3時間⇒7時，5時−3時＝2時間

　　　　60℃の湯100gと30℃の湯200gを混ぜると，

$$\frac{60\times100+30\times200}{100+200}=40\ (℃)$$

射影量：一次元射影空間と密接な関係を持つ量

　　　　速度，圧力，濃度，密度など

　　　　Staudt（シュタウト）和，ベクトル和，Staudt代数によるスカラー倍
　　　　がある

　Staudt和とは，射影量本来の和ということができ「もとになる量を一定
にした」和のことである。速度では時速30kmの川の流れを時速20kmの船
で下れば，岸から見た船の見た目の速さは時速50kmとなる。また圧力で
は，62ページ図表5-1のように容器の底面積が等しい場合の圧力は足し算
することができる。

$10\mathrm{g/cm^2} + 20\mathrm{g/cm^2} = 30\mathrm{g/cm^2}$

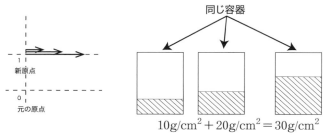

図表5-1　Staudt和

ベクトル和とは，速度でいえば「50mを10秒」と「100mを20秒」では速度としては同じでも状況としては違ったものになる。この2つの50m/秒をつなげる場合の和はStaudt和ではなくベクトル和となる。

$$\left(\frac{50\mathrm{m}}{10\text{秒}}\right) + \left(\frac{100\mathrm{m}}{20\text{秒}}\right) = \left(\frac{150\mathrm{m}}{30\text{秒}}\right) \cong \left(\frac{5\mathrm{m}}{1\text{秒}}\right) \text{（}\cong\text{は同型を表す）}$$

$20\mathrm{g/cm^2} + 40\mathrm{g/cm^2} = 30\mathrm{g/cm^2}$

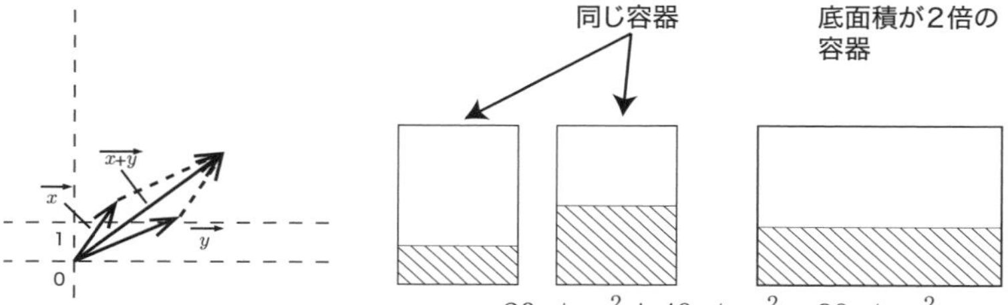

図表5-2　ベクトル和

また「同じ道を，行きは60km/時，帰りは40km/時で行けば，全体では時速何km」になるかという場合はベクトル和に相当するが，一定距離の時点で適用するなどその適用時点が重要である。

$$\left(\frac{60\mathrm{km}}{1\text{時間}}\right) + \left(\frac{40\mathrm{km}}{1\text{時間}}\right) \cong \left(\frac{1\mathrm{km}}{\frac{1}{60}\text{時間}}\right) + \left(\frac{1\mathrm{km}}{\frac{1}{40}\text{時間}}\right)$$

$$= \left(\frac{2\mathrm{km}}{\frac{5}{120}\text{時間}}\right)$$

$$\cong \left(\frac{2\times\frac{120}{5}\mathrm{km}}{1\text{時間}}\right)$$

$$= \left(\frac{48\mathrm{km}}{1\text{時間}}\right)$$

（6）基本単位と組立単位

　メートル法は1790年にフランスで制定され，その後フランスの提唱で1875年にメートル法を導入するために各国が協力するという取り決めが交わされた。世界共通の単位の必要性はいうまでもないが，アメリカはメートル法を採用していない。

　1mの長さは，もとは「地球の北極点から赤道までの子午線弧長の1千万分の1」という定義であったが，現在は「1秒の299,792,458分の1時間に光が真空中を伝わる距離」と定められている。

　長さの単位であるmを「基本単位」，m^2，m^3は「組立単位」と呼ばれる。メートル法の特徴は，十進法の仕組みによって単位が定められ，基本単位に接頭語をつけて単位を構成し，さらにそれらの単位をもとに組立単位がつくられる仕組みを持っていることである。

　1m＝100cm　という換算に関して，c（センチ）は長さの単位ではなく，mをもとにして定めた大きさを表している。たとえばk（キロ）はもとのm（メートル）やg（グラム）の1000倍であることを表している。この単位のことを「補助単位」と呼ぶ。

デカ	da	10^1	デシ	d	10^{-1}
ヘクト	h	10^2	センチ	c	10^{-2}
キロ	k	10^3	ミリ	m	10^{-3}
メガ	M	10^6	マイクロ	μ	10^{-6}
ギガ	G	10^9	ナノ	n	10^{-9}
テラ	T	10^{12}	ピコ	p	10^{-12}

図表5-3　補助単位

（7）「量の4段階指導」

　遠山啓（1960）は量の体系について「1つの量は，ある物体もしくは物質の一側面を表す指標である」「量という広大な教材を，分離量と連続量に分けたり，外延量と内包量に分けて，その中からまず容易なものからやっていく」と述べている。そして以下のような量の4段階指導を提案した。

直接比較

2本の鉛筆の長さを比べようとするとき，一方の端をそろえることでもう一方の端を見れば，どちらが長いかを判断できる。比較しようとする対象を直接並べるなどして長さを比べようとする方法である。

間接比較

黒板の縦と横の長さなどは，それぞれの長さを移動させて並べることができない。そのような場合に，片方の長さをひもやテープなどで写し取り，調べたいもう一方にあてがう。つまり，何らかの媒介物を用いて長さを比較する方法である。

任意単位

2つの水筒があるとき，どちらが多く飲み物が入るかをコップ何杯分かで比べて判断する。そのときのコップは何でもよく，2つの量る量を同じコップで量りさえすればよい。つまり，何らかのものを単位として量を量り取り，その単位のいくつ分かで数値化して表す方法である。

普遍単位

メートル法をはじめとする世界共通の単位を使って量を測る方法である。

(8)「量の4段階指導」の意味と限界

遠山らが1959年の数学教育協議会で提案した量の4段階指導は，平成元年学習指導要領解説に採り上げられ，日本の算数教育で広く使われることになった。

一般的に量の指導の指導過程は「直接比較」，「間接比較」，「任意単位」，「普遍単位」の指導順序で行うのがよいとされている。これらの過程は，児童自らが単位の必要性を感じ取って，進んで単位をつくったり共通の単位のよさを実感したりすることには効果があろう。

実際の授業では，この4段階の指導だけで教科書も組み立てられており，4段階指導だけで量の単元の学習が終わることがほとんどである。しかし，普遍単位の存在を知るところで学習が終われば，児童からは「なぜ始めから教えてくれないのか」という疑問が起こってくる。また，それ以降の量の学習に対しても発展性が期待できない。

そもそもこの4段階指導は内容の構成が「長さがすでに存在する」ということから始まっている。他の学習内容でたとえれば，長方形や直角，比例関係などは単に机上で学習しても，それが現実世界や実生活のどこに存在しているかを認識することはむずかしい。導入段階などで現実世界の中からその存在を確かめ取り出すという学習が不可欠である。それに基づいて考えれば，長さは2点の距離で決まり，実生活のいろいろな物体の中には2点がありその距離を測定できるということを確認することが重要である。

また，広さについてもそもそも面積があるというスタートではなく，児童には広さを周囲で限定しないまま漠然ととらえる，曲線やいびつな形で囲まれた平面図形に面積を意識しない，面積を漠然とし前後左右に広がるものととらえているという認識の段階があるということを知っておく必要がある。「量の4段階指導」といわれているこの指導過程は「単位の4段階指導」というのがより正確なところである。したがって，単位の指導に重点を置く，あるいはそこで終わってしまうよりも，前述の量の性質や特徴をより重点的に指導する指導過程を取ることが大切である。

(9) 量感の養成

遠山は「数学教室」(1959年9月号) において「量感というものは熟練によっていくらでも鋭敏になり得るものであるし，また熟練しなければ発達することはむつかしい。そのようなものを算数教育の本道からはなれたところで一生懸命に熱を入れてみても大した効果は期待できない。量感というものはせいぜいケタを間違えない程度になれば充分であろう」と記している。

確かにものを実際に持って重いか軽いかを判断することは，熟練を要することである。しかし，稠密性を考えたときに本体の重さは正確にわからなかったとしても，それを挟み込む2量を考えることができれば，本体の重さをかなり絞り込むことができるのではないだろうか。

現代の児童生徒は以前に比べ，バーチャルな世界がより身近にあるため，イメージをリアルに思い浮かべることがより重要である。そのためには，より近い量を絞り込むための方法を知っておくことは何よりも必要である。

量感とは，遠山が述べたような単なる技能の習得ではなく，視覚，聴覚，味

覚，嗅覚，皮膚感覚，圧覚等を十分に生かしながら外界からの刺激を認知し，脳で再構成されて得られた感覚の一つである。算数科では，量に対する一般的な感じという場合と，数値化された量の大まかな大きさを感じとして捉えていることを指す場合がある。前者を豊富にしつつ後者での利用を目指したい。

ここでは実測と概測について述べる。

計器を使って量を測定することを実測，使わずにおよその量を測ることを概測といい次のような段階が考えられる。

①直感による判断：大小判断による

②具体的な量感を基準にする：具体物の量感から測定結果を表す

③原理，基準を用いる：

面積の公式からおおよそを計算したり，長さの標準を知って目測するなど実測の段階に入ったからといって量感をおろそかにするのではなく，量感によって計器を選択し，概測の誤りを修正したり，計器によって量感を確かめ補正をするといった学習を交互に行うことで，その量概念の理解を深めていく必要がある。

また，教師自身が適切な計器を用意し，実際に測定する活動を行い，量についての各種データを収集することが子どもの量感を豊かにする一つの方法である。

2　一元的単一量から

(1) 長さ・面積・体積

長さ

最初に，ある線分を選びこれを「単位線分」と呼ぶ。何らかの線分ABが与えられたら，まずABが単位線分の何倍であるかを求め，不足分がでれば，この不足分が単位線分の1/10の何倍であるかを求め，まだ不足があればさらにそれが単位線分の1/100の大きさの何倍であるかを求め…ということを理論上可能な限り繰り返して得られるその値が上に有界であるとき，その値を線分ABの長さという。

長さでは，実在から長さを抽出する，位置に対する不変性，形に対する不変性，加法による保存性，順序の交換性について学習する必要がある。

面積

　面積は，1辺がある線分Eと合同な正方形の広さを単位とする。任意の線分を1辺とする正方形や長方形は，この単位となる正方形を用いて，その何倍になるかを求め，面積とする。

　図形Fに負でない実数を対応させてこれを$m(F)$で表し，2つの図形F_1，F_2に共通部分がないとき，$m(F_1 \cup F_2) = m(F_1) + m(F_2)$を満たすとき$m(F)$を$F$の測度（面積）という。また，一辺の長さ1の正方形$F_0$に対して，$m(F_0) = 1$，2つの図形$F_1$，$F_2$とが合同ならば，$m(F_1) = m(F_2)$，$F_1 \cap F_2 = \phi$（空集合）ならば$m(F_1 \cup F_2) = m(F_1) + m(F_2)$，などが成り立つ。

　下図のような単純閉曲線で囲まれた平面図形については，ア）内測度とイ）外測度を考え，それらが一致するときその値を求める面積とする。

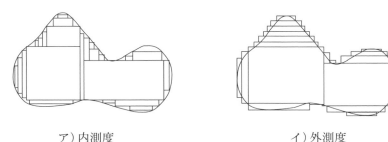

ア）内測度　　　　　　　　　　　　　　　イ）外測度

図表5-4　内測度と外測度

　内測度とは，図ア）にあるように，平面図形の内部に長方形を重ならないようにしきつめて，その面積の和を求める操作を，理論上可能な限り行って得られる集合の上限とする。これに対し，外測度とは，図イ）にあるように，平面図形を覆うように長方形をしきつめ，その面積の和を求める操作を，理論上可能な限り行って得られる集合の下限とする。これによって多角形や円など既知の図形にも面積を定めることができる。それは以下のようになる。図形Fに含まれる図形の列F_1，F_2，…と，図形Fを含む図形の列F'_1，F'_2，…がある。それらは，次を満たす。

$$F_1 \subset F_2 \subset \cdots \subset F \subset \cdots \subset F'_2 \subset F'_1$$

　いま，$m(F_n)$や$m(F'_n)$が存在し，$\lim m(F_n) = \lim m(F'_n)$が成り立てば，これを$m(F)$とする。

区分求積法

$y=2x$ のグラフと，x 軸，直線 $y=a$ によって囲まれる図形の面積を例にする。

区間 $[0, a]$ を n 等分し，各区間で図形に含まれる長方形を作ると（図表5-5），k 番目の長方形の面積は，

$$\frac{a}{n} \cdot 2\left(\frac{k-1}{n}a\right) = 2(k-1)\left(\frac{a}{n}\right)^2 \quad \text{となり，}$$

これを総和すると，

$$2\left(\frac{a}{n}\right)^2 \{1+2+3+\cdots+(n-1)\} \quad \text{となる。}$$

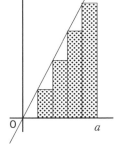

図表5-5　図形に含まれる長方形

同じように，各区間で，元の図形を含む長方形を作ると（図表5-6），k 番目の長方形の面積は，

$$\frac{a}{n} \cdot 2\left(\frac{k}{n}a\right) = 2k\left(\frac{a}{n}\right)^2 \quad \text{となり，}$$

これを総和すると，

$$2\left(\frac{a}{n}\right)^2 \{1+2+3+\cdots+n\} \quad \text{となる。}$$

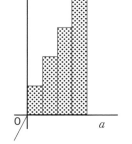

図表5-6　元の図形を含む長方形

そこで，もとの図形の面積を S とすると，

$$2\left(\frac{a}{n}\right)^2 \{1+2+3+\cdots+(n-1)\} < S < 2\left(\frac{a}{n}\right)^2 \{1+2+3+\cdots+n\}$$

$1+2+3+\cdots+(n-1)$ は等差数列の和の公式より，$\frac{1}{2}n(n-1)$，

$1+2+3+\cdots+n$ は等差数列の和の公式より，$\frac{1}{2}n(n+1)$ である。

よってもとの式に代入すれば，

$$a^2 - \frac{a^2}{n} < S < a^2 + \frac{a^2}{n}$$

が成り立つ。n を十分に大きくすれば $S=a^2$ が得られる。

不定形の求積

守屋誠司（1983）によれば4年生で自然界や単純閉曲線で4割前後の児童が面積の認識ができていない。そこで，不定形を紙に写し取りそれを切ったりつなげたりして長方形の形まで変形して単位正方形の数を求める，不定形を方眼紙上に写し取り，線で囲まれた内側の方眼と不定形を囲む方眼の数を数えて面積を求めるという2つの方法を採る。

方眼を使った不定形の求積方法は面積＝完全なもの＋不完全なもの÷2でおおよその値を求めることができることをまとめる。これらを行うことによって，面積の概念化，抽象化のうえで有効に働くであろう。また，教師は放物線や円弧で近似したり，プラニメーターという面積測定具を使ったりするなどして，児童よりも正確な値を求めておく必要がある。

カバリエリの原理

カバリエリは17世紀のイタリアの数学者である。カバリエリの原理とは「$a \leqq x \leqq b$の範囲に2つの立体A，Bがあり，この範囲の任意の値tにおいて，平面$x = t$で切った切り口の面積$S(t)$，$R(t)$の比が常に$S : R$ならば，A，Bの体積比も$S : R$である」。簡単にいえば，同じ高さの立体の切り口の面積が常に等しいならばその2つの立体の体積は等しい。また，平面図形でも同じことがいえ，同じ高さで切った線分の長さが常に等しいならば，その平面図形の面積は等しいということになる（図表5‐7）。

この図のように（図表5‐8）円形の厚紙を重ねたとき，それが右図のようにずれて変形しても，体積自体に変化がないことはわかるのではないだろうか。厚紙を可能な限り薄くすれば，より立体が滑らかに変形する。

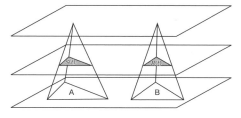

図表5‐7　カバリエリの原理

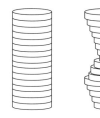

図表5‐8　厚紙の重ね合わせ

このカバリエリの原理をもとにすれば，三角形，長方形，平行四辺形，台形などの面積を求める場合，形態の違いによらず面積に対する図形の関連属性（底辺，高さ，上底，下底）に着目して面積の大小判断を行うことができるようになる。個別の図形についての求積にとどまることなく，このような統一的な求積方法によって学習することが重要である。

体積

　体積は3次元の広がりであるため，3方向に広がっていく量であるという感覚や3つの異なる方向の長さによって量の大きさを求めることができるということを理解させなければならない。

　たとえば，「東京ドーム〇個分」という言い方を耳にするが，面積，体積，容積などの慣用的な単位として使われる。しかしその面積を囲む四方の長さや高さがどれだけあるかを知らなければ，想像することはできない。東京ドームの大きさは建築面積46,755m^2，容積124万m^{3}である。ランドマークタワーやスカイツリーなどの超高層ビルから計算すれば，1階あたり4m程度である。すると東京ドームは1辺が約216m，高さ26m（6，7階建て）のかなり平べったいビルになる。

　この例からもわかるように，体積は牛乳パック，鍋，バケツ，ポリタンク，浴槽など，さまざまなものの縦，横，高さを実測してその長さを知ることによって初めてイメージできるようになる。

（2）重さ・角度

　重さは，形や体積には関係なく，その物体を構成する材質によって決まる。長さとは異なり，視覚による直感では重さを推測することができないし，体から離れてしまえばその重さの感覚はなくなってしまう。また体積は縦，横，高さの3次元に広がる量であるため大きくなれば重さも重くなるといった誤りを引き起こすことになる。

　また，長さとは違い重さの測定用具を作ることは難しい。天びんを用いて任意単位のおもりを作り，その個数を数えるという活動になろう。

　計器を用いた重さの測定では，ばねばかりによるばねの「伸び」や上皿天びんの針の傾き具合といった「角度」による比較に置き換えていることにも

配慮が必要である。

　角は，1つの点から伸びた2本の異なる半直線によってできる図形，または，1つの線分の片方の端点を固定した場合，その線分が移動した後にできる図形，ということができる。いずれもそこにできる広がり具合のことを角度と呼ぶ。

　角の大小では，角を構成する半直線の長さに関係なく，2つの直線の間の開き具合によって決まることに注意を向ける必要がある。そのためには，学習の中で半直線の端を固定して直線が回転するイメージを持つことができるようにすることが大切である。それには全円分度器を用い，角には2つの角度が存在すること，1回転が360°であり，180°，90°はその一部分であることを押さえなければならない。

　重さ，角度ともに量の性質である，加法性，交換性，連続性，位置に対する不変性について具体的な活動を通して理解させる必要がある。

確認問題

1　これまでの「量の4段階指導」における課題を克服するにはどのような点が重要であるかをまとめよう。

2　カバリエリの原理を導入した三角形の求積方法の指導過程を記述しよう。

3　量に関する単元を1つ取り上げ，量の性質を理解させる単元構成を具体的に考えよう。

引用・参考文献・より深く学習するための参考文献
・黒田恭史編著『数学教育の基礎』ミネルヴァ書房，2011年
・算数科教育学研究会編『新編　算数科教育研究　修正版』学芸図書，2009年
・数学教育学研究会編『新版　算数教育の理論と実際』誠文堂新光社，2009年
・遠山啓『教師のための数学入門　数量編』国土社，1960年，pp.143-167
・藤井淳一『量の数学的構造　数学教育研究第12号』大阪教育大学数学教室，1982年
・守屋誠司「実在に学ぶ求積指導」横地清編「現代算数・数学講座3　教育内容の開拓」ぎょうせい，1983年，pp.257-272
・横地清『算数・数学科教育』誠文堂新光社，1978年
・横地清監修『新版　21世紀への学校数学の展望』誠文堂新光社，1998年

第**6**章

量と測定 2（複合的な量）

　第1節では，複合量の構成と性質について述べた。見かけの速度を除いてとくに加法性，交換性，保存性が成立しないことに注意が必要である。また，速さは感覚的な認識から時間と移動距離を実際に計測し，平均速度についての理解を深める活動を行う。

　第2節では，割合に関する指導の概要とその問題点について述べた。割合は非常に長い間教材として研究されてきたが，依然として児童の問題解決が難しい内容である。その問題点の一つひとつを丁寧に指導していく必要がある。また認知の仕方についても研究を深めなければならない。

キーワード

速度　密度　割合　3用法

1　複合量から

（1）速度，密度，濃度

　速度，密度，濃度などは2つの単一量の割合によって決まる複合量である。これらはそれぞれの単一量の特徴によって客観的に認識しにくい。また，直接・間接比較もむずかしいため数値的な比較をしなければならないのだが，直接的に感じる速さ，実際の体験的な速さ（瞬間的な速さ）に対する感覚と，公式によって求められる平均の速さの数値を対応させて捉えさせることは非常にむずかしい。

　一般的には，一定の時間に進む距離で比較する，一定の距離にかかる時間で比較する，異なる時間や距離を片方の量をそろえるように倍概念によって比較する，速さの公式を適用するというように学習が進むが，中学年では，時間と距離の測定方法を自分たちで決め，実際に測定する活動を行うことが重要である。速度と同様の特徴を持つのが密度や濃度である。

（2）速さと速度

　一般的に速さとは平均速度である。

　等速で運動する物体が，時間Δtの間に距離Δxだけ進んだとすると（Δは「微少な」の意味），この物体の速度vは，

$v = \dfrac{\Delta x}{\Delta t}$ で表される。

このとき，距離xと時間tの関係は図表6-1のように直線で表される。

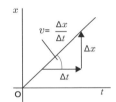

図表6-1　距離と時間の関係

　この場合，単位時間あたりの変化量，すなわち 移動距離 ÷経過時間によって求められる速度は「平均速度」と呼ばれる。

　それに対して，瞬間速度v'は，

$v' = \displaystyle\lim_{\Delta t \to 0} \dfrac{\Delta x}{\Delta t} \equiv \dfrac{dx}{dt}$ で表される。

　$\displaystyle\lim_{\Delta t \to 0}$とは，微少な時間$\Delta t$を限りなく0に近づけるということであり，距離を時間 t について微分したものである。速度は速さと方向を持ったベクトルであり，速さとはその大きさをいう。

速さの表現方法

　速さをはじめ，複合量の比較ではどちらか一方の量を同じ大きさにそろえれば，単位あたりの量として比較することができる。たとえば速さでは，距

離を同じにすればかかった時間が短いほうが速くなるため，求めた数値が小さければ小さいほど速いという感覚的な捉えと逆になってしまいわかりにくい。そこで一般的には，数値が大きくなればなるほど速いと捉えることができるように時間を一定にして移動距離で比較する距離÷時間で表現する。密度，濃度も同様である。

加法性，交換性，保存性

　速さは，時速30kmの自動車がスピードを20km上げた結果，時速50kmになったという時間的な変化や，第5章で述べた相対速度以外は，それぞれの距離と時間を求めたうえで距離と時間を再計算して速さを求めなければならない。

（3）作業的，体験的活動

　速さに関する学習の場合，距離については低学年から中学年にかけて系統的に学習しているが，時間に関しての学習は十分とはいえない。2年生の時刻と時間で，時計の読み方と時刻と時刻の間の時間をどのように求めるかに終始している。

　先人の知恵によって目に見えない時間の変化を，現実の物体に投影することで目に見えるようにしたものが砂時計

図表6-2　砂時計

（図表6-2）や日時計，水時計である。水時計や日時計は小学生段階で制作することができるので，低・中学年段階で時間に対する認識を豊かにしておきたい。

　はじめは，ゴム動力や風の力，光電池とモーターで進む車などを作ったりして，時間と距離の測定方法を身につけた後，カブトムシ，カメなどの生き物，自動車，風，川の水の流れなどさまざまな動くものに対しての速さの測り方を考えさせ，時間と距離を測定してみるといった活動を実際に行うことが，実際の速さの感覚と平均値の速さを結びつけることにつながっていく。

　同様の方法で，不定形の形のものでも水の中に沈め，その水位の変化を測定することで体積を測定することができる。密度を計算して材質を推測してみるなどという活動も理科と関連して面白い。

　次の事例は，実際のいろいろな速さを体感するために，一般道路で車の移動時間を調べ時速を計算した活動である。手順は次の通りである。

- ・100mを計測するために，一輪車の円周の長さを調べ，100mで何回転するか計算する。
- ・一輪車で100mを測り，スタート地点に旗を揚げる係，ゴール地点に時計係を置く。
- ・旗係は適当な車が目の前を通過したとき旗を揚げ，時計係は目の前を通過したときに計時する。

ある班の結果は以下の通りであった。（数字は秒）

　　11.53　8.56　10.62　7.56　15.56　7.94　9.68　6.75　7.22　9.53　8.19
　　6.28　13.41　7.37　6.23　6.66　9.25　7.78　8.22　8.47

この結果から，車が100m進むのに9.3秒かかったとすると，車の平均時速は，

$$\frac{0.1}{9.3} \times 60 \times 60 = 38.7$$

約38.7kmという結果になる。

2　割合

　割合に関する学習内容は戦後の昭和20年代からすでに現れ，現代に至るまで継続して指導されている。その間には定義や意味をはじめ，指導内容の系統，乗除法の意味との関連などさまざまな内容が研究されてきた。

　割合の概念を考える初歩となるのが，2つの量を比べることである。これは2量の差，つまり違いを考えることから始まる。もう1つは2量の片方を基準としてもう一方が基準のどれだけにあたるかを考える。そして「aのbつ分はc」という掛け算の定義，その逆である割り算の定義による「何分のいくつ」という考え方，単位量あたりの考え方というように，多くの知識を必要とし5年生のみの学習で完結するものではない。そのため，児童のつまずきもさまざまな箇所で現れるため，学習を定着させることが非常に困難である。

（1）同種，異種

同種

　2つの数あるいは同種の量 A，B について A が B の何倍にあたるかを表した数 p を，A に対する B の割合という。B が基準量（もとにする量），A が比較量（比べる量）で $p = A \div B$ という関係になる。

異種

　2つの量が異なっている場合，A が B の何倍にあたるということは考えることができない。1時間あたり進む距離（速さ）や $1\mathrm{km}^2$ あたりの人口（人口密度）など，単位量あたりの大きさを表す内包量として扱われる。

（2）割合と比

　割合は，「3：2の割合で配分する」とか「長方形の縦と横の長さは5：3」などと表されることがある。比とは2つの量 A，$U \subset E$ に対して $A = U \times a$ となる数 a があるとき，この a を「A の U に対する比」または「A と U の比」という。この定義によれば，比 $A : U$ も $A \div U = a$ も比ということになる。

　同じことを関係という視点で考えれば比 $A : U$，大きさという点で考えれば $A \div U = a$ で比の値あるいは割合ということになる。

　小学校段階では倍関係も含めて数同士や数量を比較するときには割合という言葉を使い，比や率，度などを学習するようになったら内包量の意識を持たせたほうがよい。

（3）2量の比べ方

　2つの量があったとき，その比べ方は差で比べるか，倍で比べるかの2通りがある。一般的には差が小さい場合は差で比べ，大きい場合は倍で比べる。この違いを中学年の倍概念を把握する学習場面でよく理解させることが大切である。

（4）割合の本質

　バスケットボールのシュートの回数と，兄弟の年齢差を例にして考える。バスケットではシュートの本数と成功した数を考えると，10回投げて7回成

功した人と 8 回投げて 6 回成功した人では，1 回あたりの成功した回数を求めることによって比べることができる。7 ÷ 10 ＝ 0.7 と 6 ÷ 8 ＝ 0.75 で後者が成功の確率が高いと結論づけることができる。

　割合とは，2 つの量に比例関係があることを前提に，倍の見方で把握する方法である。したがってバスケットの場合，前者は 20 回投げれば 14 回，30 回投げれば 21 回…というように，比例的に成功することを想定している。

　一方，兄弟の年齢が 17 歳と 15 歳，10 歳と 13 歳という 2 組があった場合，2 歳と 3 歳の違いがあることは考えても，倍で比べることの意味はほとんどない。

　2 組の兄弟の場合ではそれぞれの年齢にこの前提が成り立たないため，倍では比較しないのである。

（5）割合の 3 用法

　割合についての計算は次の 3 つの式にまとめられる。

　　①$p＝A÷B$　（第 1 用法）　割合を求める
　　②$A＝B×p$　（第 2 用法）　比べられる量を求める
　　③$B＝A÷p$　（第 3 用法）　もとにする量を求める

　割合の定義である①の第 1 用法をきちんと理解させ，第 2，第 3 用法は□を使った式を用いて未知数として，代数的に計算させて解くことを目標とする。児童には第 2，第 3 用法までも記憶させるのではなく，第 1 用法をもとに式変形させるのである。

（6）割合に関する知識

　割合とそれに関する文章題は，小学校 6 年間で学習する算数の内容の中で最もむずかしいとされている。これまで離散量から複合量を経て割合の本質について述べた。ここではそういった数学的な意味から，割合の概念理解について述べる。

　78 ページ図表 6‐3，79 ページ図表 6‐4 は数学教育実践研究会が編集した「算数・数学の授業」（一光社）に掲載された割合指導の実践論文を中心に分析したものである。

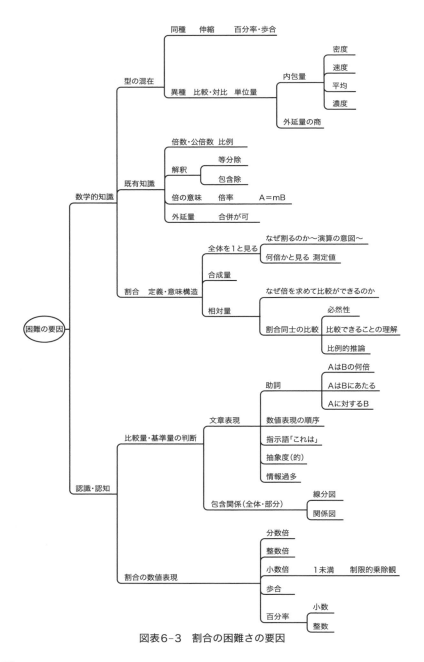

図表6-3　割合の困難さの要因

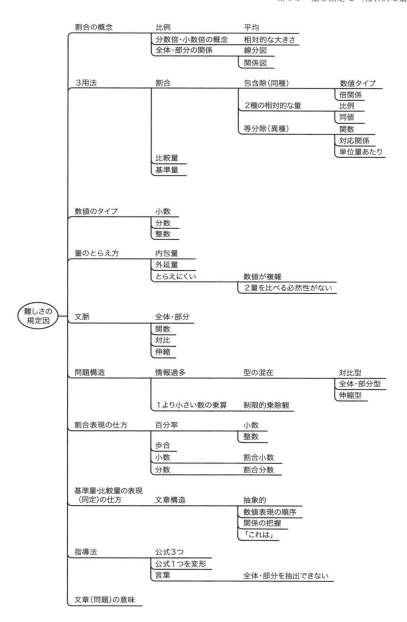

割合の概念　　　比例　　　　　　平均
　　　　　　　　分数倍・小数倍の概念　相対的な大きさ
　　　　　　　　全体・部分の関係　線分図
　　　　　　　　　　　　　　　　　関係図

3用法　　　　　割合　　　　　　包含除（同種）　　数値タイプ
　　　　　　　　　　　　　　　　　　　　　　　　倍関係
　　　　　　　　　　　　　　　　2種の相対的な量　比例
　　　　　　　　　　　　　　　　　　　　　　　　同値
　　　　　　　　　　　　　　　　等分除（異種）　関数
　　　　　　　　　　　　　　　　　　　　　　　　対応関係
　　　　　　　　　　　　　　　　　　　　　　　　単位量あたり
　　　　　　　　比較量
　　　　　　　　基準量

数値のタイプ　　小数
　　　　　　　　分数
　　　　　　　　整数

量のとらえ方　　内包量
　　　　　　　　外延量
　　　　　　　　とらえにくい　　数値が複雑
　　　　　　　　　　　　　　　　2量を比べる必然性がない

難しさの規定因

文脈　　　　　　全体・部分
　　　　　　　　関数
　　　　　　　　対比
　　　　　　　　伸縮

問題構造　　　　情報過多　　　　型の混在　　　　対比型
　　　　　　　　　　　　　　　　　　　　　　　　全体・部分型
　　　　　　　　　　　　　　　　　　　　　　　　伸縮型
　　　　　　　　1より小さい数の乗算　制限的乗除観

割合表現の仕方　百分率　　　　　小数
　　　　　　　　　　　　　　　　整数
　　　　　　　　歩合
　　　　　　　　小数　　　　　　割合小数
　　　　　　　　分数　　　　　　割合分数

基準量・比較量の表現
　（同定）の仕方　文章構造　　　抽象的
　　　　　　　　　　　　　　　　数値表現の順序
　　　　　　　　　　　　　　　　関係の把握
　　　　　　　　　　　　　　　　「これは」

指導法　　　　　公式3つ
　　　　　　　　公式1つを変形
　　　　　　　　言葉　　　　　　全体・部分を抽出できない

文章（問題）の意味

図表6-4　難しさの規定因

これだけ多くの要因が考えられ，どの部分の理解が乏しいとできないのか，また複数の要因が関連したりするのか明らかになっていない。

例えば基準量と判断量を文章から読み取って決定する場合である。「田中投手は斎藤投手のライバルである」という文で，基準となっている人はどちらかをたずねた場合，ほとんどの児童は「斎藤投手」と正答できる。しかし「鈴木君の読んだ本は本全体の70％で210ページであった。本全体は何ページか」という問いに対しては，210ページと答える児童がいることがわかっている。これは，本を読むという行為を行っているのが鈴木君で「鈴木君が行っている」から読んだ210ページを基準量と考えてしまうのである。

この事例でわかるように，児童は大人が考えもつかないような誤った認識をしていることがある。このような誤りが前述の要因一つひとつに可能性があると考えると，割合の概念を理解させ正しい答えに導くことが容易ではないことが想像できる。割合に関する数学的な概念の理解がどのように行われているのかが，今後の検討課題である。

確認問題

1　長さや重さのような直接比較から普遍単位につながる指導過程と，速さや密度の指導ではどのようなことが共通していて，どのようなことが違うのかを考察しよう。
2　水時計，日時計などを実際に制作し，時間の感覚を捉えさせるような指導過程を作成しよう。
3　割合を理解するためのむずかしさについて考察し，それを解決できるような指導過程を作成しよう。

引用・参考文献・より深く学習するための参考文献
・黒田恭史編著『数学教育の基礎』ミネルヴァ書房，2011年
・算数科教育学研究会編『新編　算数科教育研究　修正版』学芸図書，2009年
・横地清監修『新版　21世紀への学校数学の展望』誠文堂新光社，1998年

第**7**章

図形と論理 1（ユークリッド幾何）

「証明は先生が授業で示してくれるものである」と思っている子どもが多くいる。「証明は自分でするものではなく誰かが示してくれるもの」というとらえ方である。こうしたとらえ方では数学の力は伸びない。証明は自分自身で論理を積み上げて納得しながら行うものである。ここでは，幾何の証明が，既習の定理を基にして，いかに論理的に組み立てられていくか，どのように体系的に関連付けられているかについて学ぶ。その題材として，ユークリッド原論を取りあげる。

キーワード

ユークリッド幾何　定理　論理と体系　三平方の定理　関連図

1　ユークリッド幾何における証明の体系

ユークリッド原論は，紀元前300年頃にユークリッドによって書かれたとされる全13巻からなる幾何学や数論に関する本である。その幾何学の部分を指してユークリッド幾何という。ユークリッド幾何は，定義・公理と命題（定理や作図法）から構成されている。たとえば第1巻には23の定義と14の公理（公準を含む）があり，それに34の定理と14の作図法の計48からなる命題が命題1〜命題48として記されている。これらすべての命題において，定理には証明が作図法にはその根拠が丁寧に示されているが，その内容は大変緻密で，すでに登場した命題を基にしながら論理的に組み立てられており，全編

を通してきわめて体系的に構築されている。この論理的であること，体系的であることによって，ユークリッド原論は学問を探究するときの手本として後世に大きな影響を与え続けている。

(1) 三平方の定理の証明

　では，この「論理的であること」「体系的であること」とは具体的にどういうことなのだろうか。ここではユークリッド原論第1巻の命題47を取りあげて，そのことを考えてみたいと思う。命題47には，「三平方の定理」とその証明が記述されている。ここでは，この命題47を【定理47】と呼ぶことにする（以下，命題nが定理である場合は【定理n】，作図法である場合は【作図n】と表すことにする）。この【定理47】を厳密に証明するために，ユークリッドは第1巻の中で，事前に次の【定理4】【定理14】【作図31】【定理41】【作図46】を用意している（表記は現代ふうに直してある）。

【定理4】------------------------------------
　2辺とその間の角が等しい三角形は合同である。△ABCと△DEFにおいて，AB＝DE，BC＝EF，∠ABC＝∠DEFであるとき△ABC≡△DEFである。

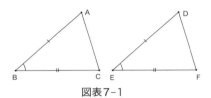

図表7-1

【定理14】------------------------------------
　図表7-2のように，隣接する2角∠ABDと∠CBDの和が平角であるとき，3点A，B，Cは一直線上にある。

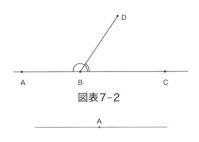

図表7-2

【作図31】------------------------------------
　与えられた点を通り与えられた直線に平行な直線を作図することができる。

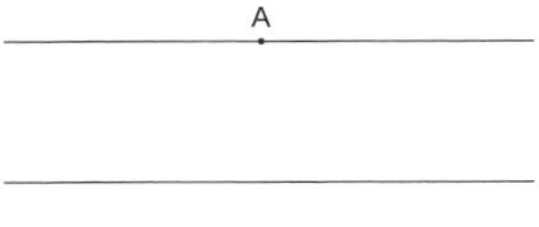

図表7-3

【定理41】----------------------------------

　図表7‐4のように，平行四辺形ABDCと△ABEが底辺ABを共有し平行線AB，CDの間にあるとき，平行四辺形ABDCの面積は△ABEの面積の2倍である。

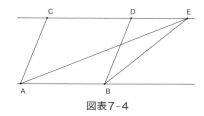

図表7-4

【作図46】----------------------------------

　与えられた線分上にその線分を1辺とする正方形を作図することができる。

図表7-5

　これらの定理や作図を基にして【定理47】（三平方の定理）は，次のように証明されている。

【定理47】（三平方の定理）---

　直角三角形の斜辺を1辺とする正方形の面積は，直角をはさむ2辺をそれぞれ1辺とする正方形の面積の和に等しい。つまり，∠Aを直角とする直角三角形ABCがあるとき，辺BCを1辺とする正方形の面積は，辺AB，CAをそれぞれ1辺とする正方形の面積の和に等しい。

【証明】----------------------

　図表7‐6のように辺

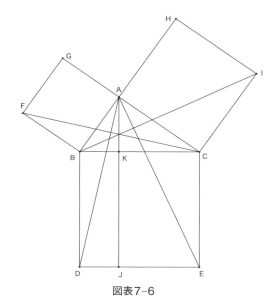

図表7-6

AB，BC，CAをそれぞれ1辺とする正方形AGFB，BDEC，CIHAを作図する（【作図46】）。点Aを通り，辺BDに平行な直線AJを引く（【作図31】）。このとき，∠GABと∠BACはともに直角でその和は平角となるので点G，A，Cは一直線上にあり（【定理14】），FB//GCとなる。よって，正方形AGFBと△FBCは平行線FB，GCの間にあるといえ，またこれらは底辺FBを共有していることから，正方形AGFBの面積は△FBCの面積の2倍となる（【定理41】）。さらに，長方形BDJKと△ABDも平行線BD，AJの間にあり，底辺BDを共有していることから，長方形BDJKの面積は△ABDの面積の2倍となる（【定理41】）。ここで，△ABDと△FBCに着目すると，AB＝FB，BD＝BC，∠ABD＝∠FBC（ともに∠ABCに直角を加えたもの）であるから，2辺とその間の角が等しいので，△ABD≡△FBCとなり（【定理4】），これらの面積は等しいといえる。したがって，正方形AGFBと長方形BDJKの面積も等しい。同様にして，正方形CIHAと長方形KJECの面積も等しいことを示すことができる。正方形BDECの面積は長方形BDJK，KJECの面積の和となっている。以上のことから，直角三角形ABCの斜辺BCを1辺とする正方形BDECの面積は，辺AB，CAをそれぞれ1辺とする正方形AGFB，CIHAの面積の和に等しいといえる。 　　　　　　　　　　　　　　　　　　　　　　　　　　　　　（証明終）

（2）証明における論理と体系

　ここで証明に用いられている定理と作図に着目して【定理47】の証明の骨格を押さえてみよう。

- ・まず【作図46】と【作図31】により，図的状況を描画している。
- ・続いて【定理14】と【定理41】から，正方形AGFB＝2×△FBC…①，長方形BDJK＝2×△ABD…②であることを示している。
- ・さらに【定理4】を用いて，△FBC≡△ABDがいえるので，そのことから，△FBC＝△ABD…③であることを示され，①②③から，正方形AGFB＝長方形BDJK…④ となる。
- ・後は同様にして，正方形CIHA＝長方形KJEC…⑤ であるから，④⑤から，正方形BDEC＝正方形AGFB＋正方形CIHA であることが証明されている。

　このように，【定理47】の証明は，【定理4】【定理14】【作図31】【定理41】【作図46】を根拠として論理が組み立てられていることから，これらの関連を次のような関連図1として表すことができる。

関連図1

　実は【定理47】の証明に直接用いられた【定理4】【定理14】【作図31】【定理41】【作図46】のそれぞれにおいても，こうした関連図を見いだすことができる。次の関連図2は，その関連を表したものである（関連図にある番号は，ユークリッド原論第1巻に出てきた命題の番号に対応している。定理・作図の内容の詳細については，参考文献を参照）。

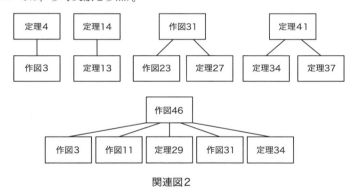

関連図2

　関連図1，2に見られるように【定理n】や【作図n】は，nより小さい番号の定理と作図を基に成り立っている。つまりユークリッド原論第1巻において【定理n】や【作図n】の以前にすでに「証明された定理」と「根拠が示された作図」を基にして，それらを積み上げるようにして論理的に組み立てられており，それぞれが上記の関連図に示されたような体系を持っているのである。

　このように定理や作図を階層的にとらえていくと，1つの定理の体系がど

のように構成されているかがよくわかる。【定理47】では2階層まで確認したことになるが，それらを合わせて再び関連図で表すと，次の関連図3のようになり，その体系をより深く構造的に把握することができる。

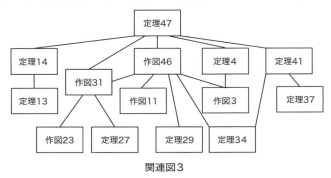

関連図3

　関連図4として，ユークリッド原論第1巻のすべての命題において，そのそれぞれに直接用いられた定理と作図の関連図一覧を示しておいた。関連図3は【定理47】の2階層までの関連を示したものになっているが，この関連図一覧（関連図4）を基にさらに階層を深めてとらえていくこともできる。このことから，【定理47】を証明するには，数多くの定理と作図が必要であったことが確認できる。しかし事前に【定理4】【定理14】【作図31】【定理41】【作図46】が用意されていたことによって，【定理47】の証明が繁雑にならず，その構造もとらえやすくなっていたのである。

　ここでは【定理47】（三平方の定理）を通して，ユークリッド幾何の論理と体系を見てきたが，このように幾何は厳密な論理に基づき，体系的に関連付けられて成り立っていることが確認できる。

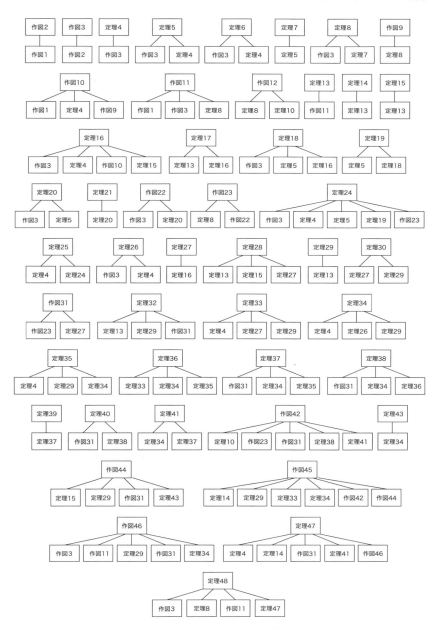

関連図4　ユークリッド原論 第1巻 命題1〜48（定理と作図）の関連図一覧

2 証明方法における体系

　ユークリッド原論の第6巻には，【定理31】として「直角三角形の3辺の上に，各辺を対応辺とする相似図形を作ると，斜辺の上の図形の面積はほかの2辺の上の図形の面積の和に等しい」という定理が登場する。これは前節で扱ったユークリッド原論第1巻【定理47】(三平方の定理)を拡張したものになっている。この【定理31】は，相似比と面積比の関係(相似比が$a:b$であれば面積比は$a^2:b^2$)が用いられて証明されている。

　ここでは，この相似比と面積比の関係に着目して，三平方の定理における多様な証明方法を検討し，それらの関連にも着目してみる。関連付けが見いだされると，そこに証明方法における体系が見えてくる。

(1) 多様な証明方法

　まず，「三平方の定理」を再確認しておく。

【三平方の定理】--

直角三角形の直角をはさむ2辺の
長さをa, b, 斜辺の長さをcとする
とき，次の関係が成り立つ。

$$a^2 + b^2 = c^2$$

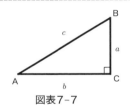

図表7-7

　相似比と面積比の関係を用いた証明として，たとえば以下の【証明1】～【証明4】のような証明方法が考えられる(紙面の都合上略解となっている)。

【証明1】--

図表7-8のように，AB⊥CDとなる線分CDを引く。

　　△ABC∽△CBD∽△ACD　　より，

　　△ABC：△CBD：△ACD $= c^2:a^2:b^2$

よって，実数k $(k>0)$を用いて，

　　△CBD$=ka^2$，△ACD$=kb^2$，△ABC$=kc^2$

と表せる。

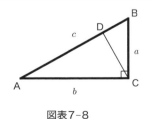

図表7-8

ここで，$\triangle CBD + \triangle ACD = \triangle ABC$　から，$ka^2 + kb^2 = kc^2$
よって，$a^2 + b^2 = c^2$

【証明 2 】--

図表 7 - 9 のように，$AB \perp BD$ となる線分
BD を引く。

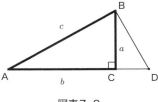

　　$\triangle ABC \backsim \triangle BDC \backsim \triangle ADB$　より，

　　$\triangle ABC : \triangle BDC : \triangle ADB = b^2 : a^2 : c^2$

よって，実数 k $(k > 0)$ を用いて，

　　$\triangle BDC = ka^2,\quad \triangle ABC = kb^2,\quad \triangle ADB = kc^2$

と表せる。

図表7-9

ここで，$\triangle BDC + \triangle ABC = \triangle ADB$　から，$ka^2 + kb^2 = kc^2$
よって，$a^2 + b^2 = c^2$

【証明 3 】--

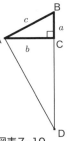

図表 7 -10 のように，$AB \perp AD$ となる線分 AD を引く。

　　$\triangle ABC \backsim \triangle DAC \backsim \triangle DBA$　より，

　　$\triangle ABC : \triangle DAC : \triangle DBA = a^2 : b^2 : c^2$

よって，実数 k $(k > 0)$ を用いて，

　　$\triangle ABC = ka^2,\quad \triangle DAC = kb^2,\quad \triangle DBA = kc^2$

と表せる。

図表7-10

ここで，$\triangle ABC + \triangle DAC = \triangle DBA$　から，$ka^2 + kb^2 = kc^2$
よって，$a^2 + b^2 = c^2$

【証明 4 】--

図表 7 -11 のように，斜辺 AB 上に任意の点 P
をとり，$AB \perp PR$ となる線分 PR を引く。

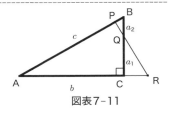

　　$\triangle ABC \backsim \triangle QBP \backsim \triangle QRC \backsim \triangle ARP$　より，

　　$RC = \dfrac{a_1 a}{b},\quad RQ = \dfrac{a_1 c}{b}$

図表7-11

よって，

$$\triangle \text{ABC} : \triangle \text{QBP} : \triangle \text{QRC} : \triangle \text{ARP} = c^2 : a_2{}^2 : \left(\frac{a_1 c}{b} \right)^2 : \left(b + \frac{a_1 a}{b} \right)^2$$

実数 $k\ (k>0)$ を用いて，$\triangle \text{ABC} = kc^2$，$\triangle \text{QBP} = ka_2{}^2$，

$\triangle \text{QRC} = k\left(\dfrac{a_1 c}{b} \right)^2$，$\triangle \text{ARP} = k\left(b + \dfrac{a_1 a}{b} \right)^2$ と表せる。

ここで，$\triangle \text{ABC} = \triangle \text{ARP} - \triangle \text{QRC} + \triangle \text{QBP}$　から，

$$kc^2 = k\left(b + \frac{a_1 a}{b} \right)^2 - k\left(\frac{a_1 c}{b} \right)^2 + ka_2{}^2$$

$a_2 = a - a_1$ であるから，整理すると，$(a^2 + b^2 - c^2)\left(\dfrac{a_1{}^2}{b^2} + 1 \right) = 0$

$\dfrac{a_1{}^2}{b^2} + 1 > 0$ により，$a^2 + b^2 = c^2$

（2）「対の関係」と「特殊と一般の関係」

　ここで補助線の引き方に着目すると，【証明1】と【証明2】は，辺BCの下側の端点Cと上側の端点Bにおいてそれぞれ辺ABに垂直な補助線を引いており，下側と上側という「対の関係」にあるととらえることができる。同様に【証明2】と【証明3】は，辺ABの上側の端点Bと下側の端点Aにおいてそれぞれ辺ABに垂直な補助線を引いており，これらも「対の関係」にあるととらえることができる。また，【証明4】の点Pは辺AB上の任意の点なので，【証明1】は【証明4】において点Pが【証明1】の点Dの位置にある場合と考えることができ，【証明1】は【証明4】の特殊な場合ととらえることができる。同様に【証明2】【証明3】は【証明4】において点Pがそれぞれ頂点B，Aにある場合と考えることができ，【証明2】【証明3】も【証明4】の特殊な場合ととらえることができる。逆に【証明4】は【証明1】【証明2】【証明3】を一般化した場合と考えることができ，これらのことから【証明1】【証明2】【証明3】と【証明4】は，「特殊と一般の関係」にあるととらえることができる。つまり，【証明1】～【証明4】は「対の関係」と「特殊と一般の関係」で関連付けられ，その関係を構造的に把握することができ，そこに証

明方法における 1 つの体系を見いだすことができる。

　次の関連図 5 は【証明 1】～【証明 4】の関連を表したものである（点線は
「対の関係」を，矢印は「特殊と一般の関係」を表している）。

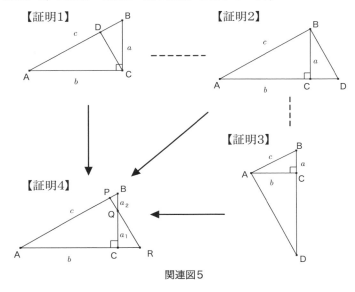

関連図 5

　本章で見てきたように，1 つの定理を証明するとき，その解法の中に用い
られている既習事項に着目すると，そこには第 1 節で見た関連図 1 ～ 4 のよ
うな体系が見いだされる。また 1 つの定理に関してその多様な証明方法の関
係に着目すると，そこには本節で見た関連図 5 のような体系を見いだすこと
ができる。新たな課題に対して，既習事項を踏まえて，それらを論理的に組
み立て，関連付け，新たな体系をつくっていくことは，幾何だけでなく数学
自体の特徴でもあるといえる。同時にそうした学びを組織することは，算数・
数学教育においても，その特徴の 1 つととらえることができる。

確認問題

1　「対頂角が等しいこと」と「平行線の同位角が等しいこと」を用いて
「平行線の錯角が等しいこと」を証明しよう。

2　相似比が $m:n$ の三角形の面積の比は $m^2:n^2$ である。このことを証明しよう。

3　「三平方の定理」をこの章で扱った証明方法以外の方法で証明しよう。

引用・参考文献・より深く学習するための参考文献

・エウクレイデス『エウクレイデス全集』斎藤憲・三浦伸夫訳，第1巻，東京大学出版会，2008年

・ユークリッド『ユークリッド原論』中村幸四郎他訳，共立出版，1971年

第 **8** 章

図形と論理 2（いろいろな幾何学）

　前章では，平面幾何を論じた。しかし，立体物の製作を考えると立体幾何が必要になる。地球が球体であることを考えると，球面幾何も必要となる。また，平面上で幾何を論じる場合でも，x軸y軸を用いた直交座標を持ち込んで，たとえば中心が(a, b)で半径rの円を$(x-a)^2 + (y-b)^2 = r^2$のように式表現して論じる解析幾何という分野もある。この章では，このようないろいろな幾何の存在について触れ，広い視野で幾何の内容をとらえる。幾何に対してさまざまなアプローチの方法があることを知っておくことは，算数の授業をより深みのあるものへとつなげていくことになる。

キーワード

立体幾何　平面に垂直な直線　2面角　球面幾何　解析幾何

1　立体幾何

（1）図形は点の集合

　子どもに図形を点集合としてとらえさせる。これは，平面幾何・立体幾何を学ぶ際に重要なとらえ方となる。たとえば「2直線が交わる」といっても，子どもはそれを94ページ図表8-1のように細長い2本の棒が上下にクロスしている状態としてイメージしている場合がある。しかし直線を点集合としてとらえさせると，「2直線が交わる」というのは94ページ図表8-2のように「1点を共有している」状態であるという理解へとつながる。

同様に，たとえば「２平面の交わり」を考える場合でも，平面を１枚の板のようにとらえていたりすると，平面と平面の交わりを考えるのがむずかしくなる。しかし平面を点集合としてとらえさせておくと，「２平面の交わり」を平面と平面との共有部分の点集合としてとらえることができ，それは「直線になる」という理解へとつながる（図表8‐3）。

図表8-1　　　　　　図表8-2　　　　　　図表8-3

（2）平面に垂直な直線

　図表8‐4のような厚紙から切り抜いた長方形ABCDの辺AD上に任意の点Pを取り，図表8‐5のようにPDがPAと重なるように折り曲げて折り目PQを作り，少し開き，図表8‐6のように平面α上に置く。このとき直線PQを考えると，この直線は平面αに垂直になる。このことは子どもも経験的に知っている。

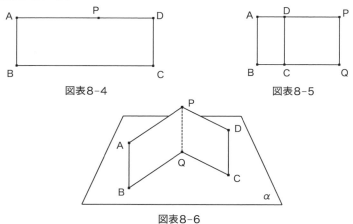

図表8-4　　　　　　　　　　　　図表8-5

図表8-6

　ではなぜ直線PQが平面 α に垂直であると言えるのか。その数学的根拠は何なのか，そしてそれはどのように証明されるのか。このように考えていくと，立体幾何の学習が必要になってくる。ここでは「平面に垂直な直線」を取りあげ，上記の疑問を考えてみる。そこで，まず次の定義（平面に垂直な直線）と【定理】（平面への垂線）を押さえておく。この【定理】（平面への垂線）は，ユークリッド原論第11巻に【定理4】として記述されている（証明はここで示した証明とは別の方法で行われている）。

■定義（平面に垂直な直線）---

　平面 α と点Qで交わる直線PQが点Qを通る平面 α 上の任意の直線と垂直であるとき，直線PQは平面 α に垂直であるといい，これをPQ⊥ α で表す。

【定理】（平面への垂線）---

　図表8‐7のように，平面 α と点Oで交わる直線POと，点Oを通る平面 α 上の2直線OA，OBがあり，∠POAと∠POBがともに直角であるとする。このとき，点Oを通る平面 α 上の任意の直線OCを引くと，∠POCも直角となる。

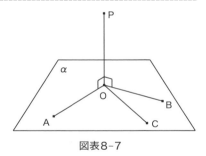

図表8‐7

【証明】---

図表8‐8のようにPOを延長し，
$$OP = OP' \quad \cdots\cdots ①$$
となるように点P'をとる。直線OCと線分ABとの交点をDとする。
　△OPAと△OP'Aにおいて，OAは共通，∠POA＝∠P'OA（＝90°），および①から，2辺とその間の角が等しいので，

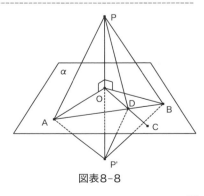

図表8‐8

　　　　△OPA≡△OP′A

したがって，

　　　　PA＝P′A　……②

　　△OPBと△OP′Bにおいても同様に考えると，△OPB≡△OP′Bとなるので，

　　　　PB＝P′B　……③

　　△APBと△AP′Bにおいて，ABは共通，および②③から，3辺が等しいので，

　　　　△APB≡△AP′B

したがって，

　　　　∠PAD＝∠P′AD　……④

　　△PADと△P′ADにおいて，ADは共通，および②④から，2辺とその間
の角が等しいので，

　　　　△PAD≡△P′AD

したがって，

　　　　PD＝P′D　……⑤

　　△PODと△P′ODにおいて，ODは共通，および①⑤から，3辺が等しいので，

　　　　△POD≡△P′OD

したがって，

　　　　∠POD＝∠P′OD(＝90°)

つまり，∠POC＝90°である。

　　以上のことから，はじめに取りあげ
た例において，直線PQが平面αに垂
直であることの数学的根拠を考えてみ
る。図表8‐9において∠PQB＝90°，
∠PQC＝90°となっていることから，
直線PQが平面α上の2直線QB，QC
と垂直であるといえ，このことから
【定理】(平面への垂線)によって「直線

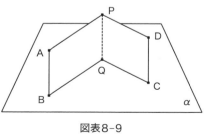

図表8-9

PQが，点Qを通る平面α上の任意の直線と垂直である」ことが示される。
これがPQ⊥αの数学的根拠となっている。

（3）2平面のなす角

　図表8-10のような四角形ABCDを
対角線BDで折り曲げ少し開く。この
とき△ABDを含む平面と△CBDを含
む平面を考えると，これらは直線BD
を交線として交わっているととらえる
ことができる。ここでこの2平面のな
す角を考えてみる。まず空間における
2直線がなす角に関する定義を確認し
ておき，続いて2平面がなす角の定義
について押さえていく。

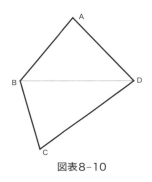

図表8-10

■定義（空間の2直線がなす角） ---

　図表8-11のように，空間に2直線 ℓ ,
m がある。このとき ℓ , m のなす角と
は，任意の点Oを通る ℓ , m に平行な
2直線 ℓ' , m' がつくる角のことをいう。

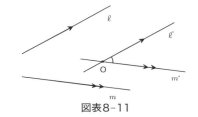

図表8-11

■定義（2平面のなす角） ---

　図表8-12のように直線 ℓ で交わる
2平面 α , β がある。 ℓ 上に任意の点
Pをとる。 α , β 上で，それぞれ点P
を通り直線 ℓ に直交する直線 m , n を
引く。このとき，直線 m , n のつくる
角 θ を2平面 α , β のなす角という。
とくに，1直線で交わる半平面がなす
角を2面角という。

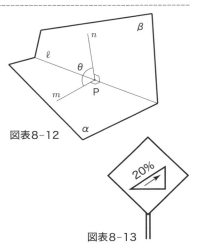

図表8-12

　具体例で考えてみる。図表8-13の
ような道路標識がある。これは坂道
の勾配を表す標識であり，20％の場合

図表8-13

は，水平面に対する傾きの度合いが，$\frac{20}{100}\left(=\frac{\text{垂直距離}}{\text{水平距離}}\right)$であることを示している。画用紙から図表8-14のような長方形と直角三角形からなる展開図を切り抜き，図表8-15のように組み立てると，この模型から勾配の具体的なイメージを把握することができる。

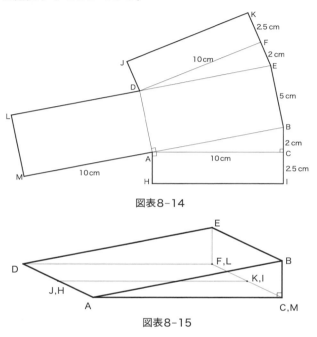

図表8-14

図表8-15

　では，なぜこの模型が坂道の勾配を表しているといえるのか，その数学的根拠を考えてみよう。この模型において，長方形ADLMが水平面を表し，長方形ADEBが坂道を含む平面を表していると考えることができる。このとき，直線ACは水平面に含まれており，直線ABは坂道を含む平面に含まれている。さらにこの2直線は2平面の交線ADと点Aにおいて直交している。したがって，直線ACと直線ABがつくる角が，この2平面のなす角であるといえる。つまり，直線ADで交わる半平面のなす2面角は∠CABとなるのである（三角比の表をもとにして調べると，この2面角の大きさは約11°であることがわかる）。

　この節では，身近な事例をもとにして平面に垂直な直線や2面角について

取りあげたが，教師としては，このような数学的事例の背景にある数学的根拠を論理的に押さえておくことが重要である。

2　いろいろな幾何

（1）球面上の幾何

　2直線が平行であるとは，どのような状態にあることをいうのかと問うと，多くの諸君は「交わらない」状態であると答えるであろう。確かに中学校の数学の教科書には「2直線AB，CDが交わらないとき，ABとCDは平行であるといい，AB//CDと表します」（引用・参考文献参照）とある。しかし，小学校の算数の教科書では，「1本の直線に垂直な2本の直線は，平行であるといいます」（引用・参考文献参照）となっている。つまり中学校と小学校では，異なる表現で定義されているのである。

　平行に関するこのような異なる表現による定義としては，次の定義①〜③が知られている。定義①「同一平面上において1本の直線に等しい角度で交わる2直線は平行であるという」，定義②「同一平面上にある2直線が常に一定の間隔を保っているときこの2直線は平行であるという」，定義③「同一平面上にある2直線が共有点を持たないときこの2直線は平行であるという」。

　定義①は同位角が等しいことを示しており，2直線が同一方向に伸びる直線であることに着目した定義となっている。前述の小学校での定義は，定義①において同位角が直角となった場合で，定義①の特殊な場合を表現したものである。子どもにとっては，直角という特殊な場合のほうが，具体的なイメージが湧きやすいといえる。また定義②は2直線の幅が常に一定であることに着目した定義であり，定義③は2直線がどこまで伸ばしても交わらないことに着目した定義である。前述のように，中学校では定義③が用いられている。しかし，2直線がどこまで伸ばしても交わらないというのは抽象的な表現であり，児童にとってわかりやすい定義とはいえない。

　さて，ではこの小学校での「1本の直線に垂直な2本の直線は平行である」という定義を，地球という球面上で考えてみると，どうなるであろうか。図表8-16のように，赤道上の2点A, Bを通り，赤道に垂直な2直線を考えて

みる。すると，これら2直線は点C（北極点）において交わってしまうことになる。さらに，このとき三角形ABCの内角に注目するとその和は180°を超えてしまっていることもわかる（ここで，球面上の直線とは赤道のように球をその中心を通る平面で切ったときに現れる大円を指し，球面上の2直線のなす角の大きさとは，交点でこれら2つの大円に引いた接線のなす角の大きさのことを指す）。つまり，球面上で

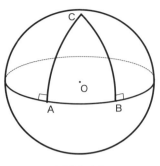

図表8-16

は，平面上の幾何がそのままでは成り立たないのである。そこで1800年代になって，非ユークリッド幾何学の一つとして，新たに球面上の幾何（リーマン幾何学）が研究されるようになっていった。

（2）解析幾何

　時代は前後するが，1600年代以降においては，平面上の幾何においても，その研究方法に大きな変化が生じている。それはデカルトやフェルマーのアイデアをもとにして発展した解析幾何という新しい分野である。これは曲線を方程式で表現しようとする試みであった。

　たとえば，前章で取りあげた三平方の定理をもとにすると，x軸y軸による直交座標上の点A(a, b)を中心とする半径rの円は，$(x-a)^2 + (y-b)^2 = r^2$という式で表すことができる（図表8-17）。

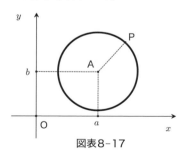

図表8-17

　ここで，図形を方程式で表すという方法に着目して，2点B，Cからの距離の比が常に3：2となる点の集合がどのような図形を描くかという課題を考えてみよう。たとえば図表8-18のように，2点B，Cの座標をそれぞれ（－3, 0），(2, 0)とし，BQ：CQ＝3：2となる点Qの座標を(x, y)とおけば，求めたい図形はこのx, yの関係式として見いだすことができる。

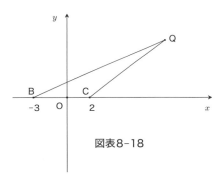

図表8-18

　ここでも三平方の定理をもとにして考えると，BQ＝$\sqrt{(x+3)^2+y^2}$, CQ＝$\sqrt{(x-2)^2+y^2}$ であるから，$\sqrt{(x+3)^2+y^2}$：$\sqrt{(x-2)^2+y^2}$＝3：2となり，整理すると，$(x-6)^2+y^2=6^2$を得て，求める点の集合は点Qの軌跡となり，図表8-19のように，点D$(6, 0)$を中心とする半径6の円となることがわかる（このような円をアポロニウスの円という）。

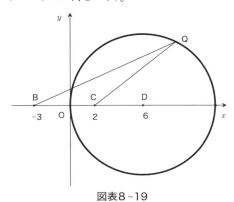

図表8-19

ところで，この式を展開して整理すると，$x^2 + y^2 - 12x = 0$ となり，x^2, y^2 や x が混ざった式となる。実は古代ギリシャ（ユークリッドの時代）の伝統では，a は線分，a^2 は面積として，別次元のものととらえられており，それらの和は意味をなさないとされていた。解析幾何は，この a^2 を線分として作図し，a と同次元でとらえることに成功したことによって，この古代ギリシャの伝統の呪縛から解き放たれ，発展することができたといえる。

　ここでは，線分 a, b が与えられたとき，その積 ab を表す線分をどのように作図するか，その方法について検討してみよう。

【方法1】

　図表8-20のように2辺AB, ACの長さがそれぞれ a, 1の△ABCをつくる。続いて図表8-21のように，長さ b の線分DFをとり，∠CAB＝∠FDP，∠ACB＝∠DFQとなる直線DP，FQを引き，その交点をEとし，△ABCと相似な△DEFを作図する。このとき，AB：DE＝AC：DF，つまり $a : x = 1 : b$ となる。したがって，$x = ab$ となり，辺DEの長さ x が a と b の積 ab を表していることになる。

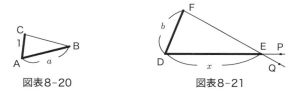

図表8-20　　　　　　　　　図表8-21

　このように，相似な三角形をつくり，その比を利用して積 ab の長さをつくり出そうというアイデアを用いれば，さらに次の【方法2】～【方法5】のような方法も考えられる。

【方法2】

　図表8-22のように，△ABCの辺ACの延長線上に点Aからの長さが b となる点Dをとり，点Dを通り辺CBに平行な直線と直線ABとの交点をEとする。このとき，△ABC∽△AEDとなるので，$a : x = 1 : b$，つまり $x = ab$ となり，辺AEの長さ x が a と b の積 ab を表していることになる。

【方法3】

　図表8-23のように，AB//DEとして点Eを決め，点Cを共通の頂点とした

相似な△ABC と△DEC をつくれば，辺 DE の長さ x が ab となる。

【方法 4】

　図表 8 -24 のように，BC//DE として点 E を決め，△ABC に相似な△AED をつくると，辺 AE の長さ x が ab となる。

【方法 5】

　図表 8 -25 のように，AB//DE として点 E を決め，△ABC に相似な△DEC をつくると，辺 DE の長さ x が ab となる。

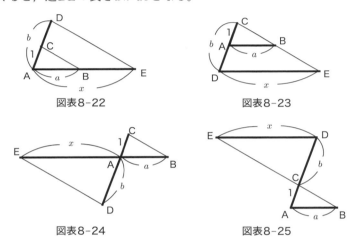

図表 8 -22　　　　　　　　　　　図表 8 -23

図表 8 -24　　　　　　　　　　　図表 8 -25

　これら【方法 1】～【方法 5】の作図において，b としたところを a とすれば，a^2 の長さをつくることができる。また図表 8 -26 のように，AB, BC の長さを a, 1 とし，AC を直径とする半円を描き，AC⊥BD となる半円上の点 D をとると，BD の長さ x が $\sqrt{a}$ となり，平方根も作図できることがわかる。

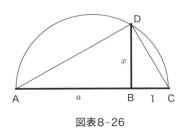

図表 8 -26

本章で見たように，いろいろな幾何の存在を知ることで，数学が発展してきた変遷を概観することができ，同時に，多様な視点で数学をとらえることの重要性も把握することができる。

確認問題

1　勾配が10％と表された道路標識がある。この勾配の具体的なイメージがつかめるような模型を作成しよう。

2　単位とする長さ1と任意の長さa，b（$a < b$）を決め，$\dfrac{a}{b}$を作図しよう。

3　図表8-26において，BDの長さxが$\sqrt{a}$となることを証明しよう。

引用・参考文献・より深く学習するための参考文献
・『新しい算数4上』東京書籍，2011年，p.56
・岡本和夫・小関熙純・森杉馨・佐々木武『未来へひろがる数学1』啓林館，2010年，p.108
・ルネ・デカルト『幾何学』原亨吉訳，筑摩書房，2013年
・横地清『小学生に幾何学を教えよう』明治図書，2004年

第9章

図形と論理 3（論理）

　「論理的な思考力」の育成が希求されて久しい。では，「論理」とはどのようなものか。この章では，「論理」についての理解を図る。前半では，帰納推論・仮説形成・演繹推論の3つの推論を概観し，それぞれの特性や限界を学習する。後半では，演繹推論として命題論理・述語論理を学習する。その後，推論を用いて行われる証明の手法である直接証明・間接証明について学ぶ。

キーワード

　　命題　推論　帰納推論　仮説形成　演繹論理
　　命題論理　述語論理　証明

1　命題

　本当か嘘かのいずれかに判断できる事柄を「命題」という。命題を表す場合は，「P」，「Q」，「R」……を使う。命題が本当であること，嘘であることは，以下のように表される。

　命題は，基本的に1対の主語と述語を含む「単文」で構成される。それに副詞などで意味が添加された命題となる。単文で表され，これ以上細かくならない命題を，「単純命題」という。

例　円柱は，立体だ。（主語＋名詞）

　　円柱は，転がる。（主語＋動詞）

　　円柱の底面は，まさしく丸い。（主語＋副詞＋形容詞）

　　横に寝かせた円柱は，とても不安定だろう。（主語＋副詞＋形容動詞）

　また，「主語＋述語　ならば　主語＋述語」という複文により1つの命題になるものもある。複数の命題が組み合わされて構文を構成し，1つの命題になることもある。

例　もし円柱であるならば，転がる。

　　円柱ならば，底面は円だ。

　　もし立体が球ならば，転がそう。

　例文の前半の文は，「もし……であるならば」「……ならば」「……したら」といった，ある事柄を仮定する文である。仮定の文では，本当・嘘が決まるのは未来であるため，今の段階で本当か嘘かを決めることはできない。しかし，未来の時点で仮定が決まることにより，命題が本当であるか嘘であるかが決まるため，仮定の文も命題という。例文の後半の文は，「～である」といった結論を表す文であり，当然これも命題である。つまり，複文で構成される命題とは，「仮定の命題と結論の命題」の2つの命題が組み合わされている。

　　命題 P　＝　"立体が球である。"

　　命題 Q　＝　"立体は転がる。"

　　命題 R　＝　"立体が球であるならば，立体は転がる。"

　上の場合，命題 R は，命題 P と命題 Q で次のように表すことができる。

　　R　＝　P ならば Q

　　R　＝　P　→　Q　（「ならば」を記号「→」にする）

　このように，命題は，記号を用いて簡略化して表すことができる。

2　推論

　既知の命題から新たな命題を導き出すことを，「推論」という。推論は，「帰納推論」と「仮説形成」と「演繹推論」の3つに大別される。

3つの推論と論理の関係を示すと，おおまかに次のようになる。

（1）帰納

「いくつかのデータを前提として，ある一般的な知見を導き出す」推論には，「帰納推論（induction）」と「類推（analogy）」の2つがある。

①帰納推論

　図形には，さまざまな形があるが，いくつか共通する性質が知られている。

例　「三角形の内角の和は，180°である」

　　　「四角形の内角の和は，360°である」

　　　「五角形の内角の和は，540°である」……（ほか複数の前提）

　　　↓

　　　「角が1つ増えると180°増えるに違いない」（新たな知見）

　このように，共通した複数の図形に関する特徴を集積した結果，図形に関する新たな知見を得ることができる。このような推論を「枚挙法」という。

②類推

　正多角形や円は，拡大縮小しても形状が変わらない。

例　「正三角形の周は，1辺の3倍である」

　　　↓

　　　「正四角形の周も，1辺の何倍かで表されるに違いない」（新たな知見）

Aとaにおいて，多くの特徴が同一である場合に，「おそらくAの持つ特徴に，aの持つ特徴は似ているだろう」という推論を行う。このような思考方法を「類推」という。

帰納推論は，カオスからある法則を見つけ出す場合や，既知の命題から未知の命題を新たに導く場合に有効な推論方法である。しかしながら，以下のような欠点がある。

はじめに，帰納推論を成立させる大前提が不確かである。「自然界には何らかの不変な秩序があり，同じ条件ならば，同じ現象が起こる」という「自然界の斉一（せいいつ）性の原理」を大前提とした場合のみ，帰納推論は成立する。しかし，この大前提は時として崩れることがある（2004年のスギヒラタケによる急性脳症・死亡事例など）。また，「自然界には何らかの簡潔な秩序があり，1つの法則として導出できる」という「自然界の簡潔性原理」の前提に基づいて帰納推論は行われるが，その前提自体に保証がない。したがって，簡潔な1つの法則としてまとめられないことが多い。

次に，帰納推論の前提となるデータ選択に不安定さがつきまとう。まず，前提とするデータの多寡により，導き出された知見の信頼度が左右される。前提とする事象の全体に対する割合が多くなればなるほど，導出された法則の信頼度は高くなる。これを，「確証性の原理」という。

また，すべての事象を前提とすることは不可能であるし，有限の事象を前提にして，無限の事象に当てはまる知見を得ることはできない。これを「帰納の飛躍」と呼ぶ。

さらに，どのデータを前提に採用するかは，選択者の主観に委ねられており，その主観が導き出される知見に影響を与える。これを，「事実の理論負荷性」と言う。

例　{正四面体，正六面体，正八面体，正十二面体，正二十面体，……}
　　→｛正多面体は，無数にあるかもしれない｝
　　{正三角形・正四角形・正五角形同士の3枚以上で，360°以下になる組み合わせで構成される}
　　→｛正多面体は，5つしか存在しない｝

このように，帰納推論においては，正確でない推論が行われる場合がある。

そのため，データの命題がすべて真であっても，不適切なデータ選択や正確でない推論により，結論として真偽の正しくない命題を得ることがある。

　帰納推論は，創造的な思考方法であり，何らかの新しい発見・法則などを取り出すことができるという特性を持つ。しかしながら，創造的であるがゆえに，帰納推論自体の妥当性や帰納推論で得られた知見の真偽が不安定であり，真理保存性も保証されないという限界を持つ。

（2）仮説形成

　驚くべき事実がある場合，合理的に説明できる仮説を立てる推論が行われることがある。

例　「三角形の角を分度器で測定したら，内角の和が180°でなかった」（驚くべき事実）

　　↓

　　「その測定が，正確に行われなかった」（新たな仮説）

　　「測定に使用した分度器が正確なものでなかった」（新たな仮説）

　　「その三角形は，平面上に描かれたものでない」（新たな仮説）

　このような推論法を「仮説形成」という。仮説形成では，事実を合理的に理解するための仮説がつくられる。既知の常識に囚われず，新たな仮説を形成して，より正しい推論を行えるように導くという特性を持つ。

（3）演繹推論

　演繹推論とは，前提となる命題をもとに，ある命題を結論として得る推論である。演繹推論では，すべての真偽が正しい命題を前提とするならば，正確な推論が行われ，結論として真偽の正しい命題を得ることが保証される。これを「真理保存性」という。しかしながら，演繹推論は，法則を適用するだけであるので，何らかの新しい発見・法則を得ることはできないという限界をもつ。演繹推論には，「命題論理」と「述語論理」がある。

　数学において「演繹推論（deduction）」を研究する学問分野を「数理論理学」といい，一般に「論理」とは，「演繹論理」を意味する。

3 論理

(1) 命題論理

命題が本当のとき，その値は「真」であるといい，記号T（True）で表す。命題が嘘のとき，その値は「偽」といい，記号F（False）で表す。TかFの2つの値のいずれかに決まるので，「二値論理」ともいわれる。

複数の命題を基に「かつ」・「または」で結合し，新しい命題をつくり出す操作を「命題の演算」という。演算の結果どのような結論が導出されるかについて着目するのが「命題論理」である。命題の演算には，次の3つがある。

①否定

命題Pにおける否定を記号「¬」を用いて表すと以下のようになる。「¬P」は，「Pでない」と読む。

例　命題　P「図形Aは，三角形である」　T（真）　の場合は，

命題¬P「図形Aは，三角形である　ということはない」　F（偽）となる。

命題　P「図形Aは，三角形である」　F（偽）　の場合は，

命題¬P「図形Aは，三角形である　ということはない」　T（真）となる。

真（T）と偽（F）と否定を表にまとめると，次のようになる。

命題　P	命題¬P
T	F
F	T

このように，命題の真偽についてまとめた表を，「真理表」という。

②合接

例　命題P「2つの辺が等しい三角形である」

命題Q「1つの角が直角な三角形である」とするとき，

命題$P \wedge Q$「2つの辺が等しい三角形である」かつ「1つの角が直角な三角形である」がともに真ならば，直角二等辺三角形であるといえる。

命題$P \wedge Q$には，前提の真偽の組合せは次の4通りがあり，それにより命題$P \wedge Q$の真偽が決定される。

命題Pが真，命題Qが真

命題Pが真，命題Qが偽

命題Pが偽，命題Qが真

命題Pが偽，命題Qが偽

これは次の表にまとめられ，$A \land B$を「合接」といい，「AかつB」と読む。合接では，すべての条件が真である場合のみ，結論が真になる。

命題Pの真偽	命題Qの真偽	合成命題　$P \land Q$　の値
T	T	T
T	F	F
F	T	F
F	F	F

③離接

例　命題P「4辺の長さが等しい四角形である」

命題Q「2本の対角線が直行し互いに2等分し合う四角形である」

命題$P \lor Q$「4辺の長さが等しい四角形である」または「2本の対角線が直行し互いに2等分し合う四角形である」のいずれかが真であれば，ひし形であるといえる。

このときも，真偽の組合せには，4通りが考えられる。この真偽の様子は，次の表のようにまとめられ，$A \lor B$を「離接」といい，「AまたはB」と読む。

命題Pの真偽	命題Qの真偽	合成命題　$P \lor Q$　の値
T	T	T
T	F	T
F	T	T
F	F	F

離接では，条件が1つでも真ならば，結論は真になる。

複数の命題の否定・合接・離接の演算で作られる命題を合成命題という。

(2) 合成命題

命題「PならばQ」があり，「Pが成り立つ」という仮定がある場合，「Qである」という結論を導くことができる。これを三段論法という。たとえば，

例　命題$P \to Q$「内角の和が360°ならば，四角形である」

命題P「図形Aは，内角の和が360°である」

したがって，Q「図形Aは，四角形である」

これを推論記号だけで表すと次のようになる。

$$\frac{P \qquad P{\to}Q}{Q}$$

三段論法は，繰り返し連鎖させることが可能である。上記に加え，次の命題「QならばR」がわかっていれば，結論Rを導くことができる。たとえば，

命題$Q{\to}R$「四角形ならば，対角線は2本ある」

結論R「図形Aには，対角線が2本ある」

この三段論法の推論の連鎖を推論記号で書くと次のようになる。

$$\frac{\dfrac{P \qquad P{\to}Q}{Q} \qquad Q{\to}R}{R}$$

三段論法に用いられる命題「xならばy」は，複数の命題の否定・合接・離接の演算を用いた合成命題として次のように表すことができる。

例　「ある図形は三角形である」ならば，「ある図形の内角の和は180°である。」

　　↓　（これは，下のように解釈できる）

　　「ある図形は三角形である」かつ「ある図形の内角の和は180°でない」

　　ということはない。

これを，否定・合接・離接の記号を用いて表すと，次のようになる。

$$x \quad \to \quad y \quad = \quad \neg(x \wedge \neg y)$$

これをもとに，三段論法である，$\{x \wedge (x{\to}y)\} \to y$ は，常に結論が真であることを真理表で確かめることができる。

				$x{\to}y$ $\parallel$			$\{x\wedge(x{\to}y)\}{\to}y$ $\parallel$
x	y	$\neg y$	$x\wedge\neg y$	$\neg(x\wedge\neg y)$	$x\wedge(x{\to}y)$	$\{\{x\wedge(x{\to}y)\}\wedge\neg y\}$	$\neg\{\{x\wedge(x{\to}y)\}\wedge\neg y\}$
T	T	F	F	T	T	F	T
T	F	T	T	F	F	F	T
F	T	F	F	T	F	F	T
F	F	T	F	T	F	F	T

このように，前提となる命題の真偽にかかわらず，値がすべて真になる合成命題があり，この合成命題を「恒真命題（トートロジー）」といい，「i」で表す。推論によく使われる命題は，「推論方式」といわれ，代表的推論方式を次に

示す。これらも恒真命題であることを真理表で確かめることができる。

① $\{x \wedge (x \to y)\} \to y$ （三段論法）	④ $\{(x \to y) \wedge (y \to z)\} \to (x \to z)$
② $\{(x \vee y) \wedge \neg x\} \to y$ 　（除去）	（推移律）
③ $(x \to y) \to (\neg y \to \neg x)$ 　（対偶）	⑤ 　$\{(x \to y) \wedge \neg y\} \to \neg x$

　また，すべて偽になる合成命題は「恒偽命題（矛盾命題）」といい，「o」で表す。

　さらに，命題x，y，zの演算には，次の法則が成り立つ。

①交換法則　$x \wedge y = y \wedge x$, $x \vee y = y \vee x$
②結合法則　$(x \wedge y) \wedge z = x \wedge (y \wedge z)$, $(x \vee y) \vee z = x \vee (y \vee z)$
③分配法則　$x \wedge (y \vee z) = (x \wedge y) \vee (x \wedge z)$, $x \vee (y \wedge z) = (x \vee y) \wedge$
　　　　　　$(x \vee z)$
④二重否定の法則　$\neg \neg x = x$
⑤ド・モルガンの法則　$\neg (x \wedge y) = \neg x \vee \neg y$, $\neg (x \vee y) = \neg x \wedge \neg y$
⑥iとoの法則　$x \wedge \neg x = o$, $x \vee \neg x = i$, $x \wedge i = x$, $x \vee o = x$, $\neg i = o$,
　　　　　　$\neg o = i$

たとえば，⑤ド・モルガンの法則の左について真理表で調べてみよう。

x	y	$\neg x$	$\neg y$	$x \wedge y$	$\neg (x \wedge y)$	一致	$\neg x \vee \neg y$
T	T	F	F	T	F	$\Leftrightarrow$	F
T	F	F	T	F	T	$\Leftrightarrow$	T
F	T	T	F	F	T	$\Leftrightarrow$	T
F	F	T	T	F	T	$\Leftrightarrow$	T

　このように，前提となるxとyの真偽にかかわらず，$\neg (x \wedge y)$と$\neg x \vee \neg y$の真偽の並びは一致するので，合成された2つの命題が等しいことがわかる。論理や集合は，演算において同じ性質がある。こうした仕組みの数学のことを「ブール代数」という。

(3) 述語論理

　述語論理とは，次の2つの表現を含む命題の論理である。

　「すべての……は」を含む命題を「全称命題」といい$\forall x P(x)$と書き，「すべてのxについて……である」と読む。$\forall$ は，全称量化記号という。

　「ある……は」を含む命題を「特称命題」といい$\exists x P(x)$と書き，「あるxについて，……である」と読む。$\exists$は，存在量化記号という。

全称命題・特称命題の否定は，ド・モルガンの法則を利用して求められる。

① $\neg\{\forall xP(x)\} = \neg(x \wedge y \wedge z\cdots\cdots) = \neg x \vee \neg y \vee \neg z \vee \neg\cdots\cdots$
$= \exists x\neg P(x)$

② $\neg\{\exists xP(x)\} = \neg(x \vee y \vee z\cdots\cdots) = \neg x \wedge \neg y \wedge \neg z \wedge \cdots\cdots$
$= \forall x\neg P(x)$

例　「すべての三角形の内角の和は，180°です」の否定は，
「ある三角形の内角の和は，180°ではない」となる。
「ある三角形の内角の和は，180°でない」の否定は，
「すべての三角形の内角の和は，180°である」となる。

　述語論理の真偽のようすは，無限にある仮定を真理表に書き表すことができないため，真理表を用いて確かめることはできない。しかし，$\neg(x \wedge y \wedge z \wedge \cdots\cdots)$　と　$\neg x \vee \neg y \vee \neg z \vee \neg\cdots\cdots$の真偽の値は，合接と離接の性質により同一になることは推察できる。述語論理は，次のような推論に利用できる。

例　命題$P(x)$　「xは四角形である」
　　命題$Q(x)$　「xの内角の和は三角形の内角の和の2倍である」
　　命題$P(a)$　「ある図形は四角形である」

とするとき，推論の式に表すと次のようになる。

$$\dfrac{\forall x\,(\,P(x) \to Q(x)\,)}{P(a) \qquad\qquad P(a) \to Q(a)}$$
$$Q(a)$$

　たとえば，「すべての四角形の内角の和は，三角形の内角の2倍である」という全称命題があり，「ある凹型図形は四角形である」とき，「ある凹型図形の内角の和は三角形の内角の2倍である」と推論することができる。

　述語論理は，合致する状況が無数にある場合，つまり，一つひとつの例を挙げて説明することができない場合などに，一般的な法則やルールなどを一文で表すことができるという特徴を持つ。

4　証明

　演繹推論を行い，ある命題が正しいことを述べたものを「証明」という。証明は，直接証明と間接証明という2つの手法を用いて行われる。

（1）直接証明

　3(2)合成命題に記載した恒真命題による証明だけが，直接証明に相当する。

（2）間接証明

　命題Pの成立を直接的に示すのではなく，Pの成立と同値であること，また，Pが成立しない場合がないことを示す手法は，間接証明といわれる。

　はじめに，同値命題の成立を証明するために，命題「PならばQである」の順序と肯定・否定を組み合わせた逆・裏・対偶を利用する方法がある。

　　　命題「QならばPである」　　……命題Pの逆

　　　命題「PでないならばQでない」……命題Pの裏

　　　命題「QでないならばPでない」……命題Pの対偶

　4つの命題それぞれに逆・裏・対偶の関係が成り立つことになる。

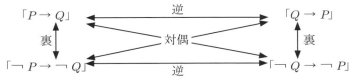

たとえば，長方形の性質では，次のようになる。

例　命題　$P → Q$「長方形は，対角線の長さが等しい」

　　逆命題　$Q → P$「対角線の長さが等しいのは，長方形である」

　　裏命題　$¬ P → ¬ Q$「長方形でないならば，対角線の長さは等しくない」

　　対偶命題　$¬ Q → ¬ P$「対角線の長さが等しくないならば，長方形でない」

　「対偶は，常に真なり」「逆は，必ずしも真ならず」を確認することができよう。これらを用いた，次の証明手法がある。

対偶証明法

命題$P \to Q$ではなく，その対偶命題$\neg Q \to \neg P$を証明する。

例1

命題$P \to Q$「a^2が偶数ならば，aは偶数である」

対偶命題$\neg Q \to \neg P$「aが奇数（偶数でない）ならば，a^2は奇数である（偶数でない）」

奇数×奇数＝奇数で，$a^2 =$奇数となる。よって，命題$\neg Q \to \neg P$が証明された。対偶を証明したことにより，$P \to Q$が証明されたこととなる。

例2

命題$P \to Q$「三角形ならば，2辺の和がほかの1辺より長い」

対偶命題$\neg Q \to \neg P$「2辺の和がほかの1辺より長くないならば，三角形でない」

線分a，b，cにおいて$a + b \leqq c$の場合，3つの線分で三角形を成すことはできない。したがって，対偶命題$\neg Q \to \neg P$が証明され，よって，命題$P \to Q$が証明された。

背理法

命題$P \land$命題$\neg Q$を仮定して矛盾を導き，命題$P \to Q$を証明する。

命題$P \to Q$「三角形ABCにおいて，$\angle$ABC＝$\angle$ACBならば，辺ABと辺ACは等しい」

命題$\neg Q$「辺ABと辺ACは等しくない」，AB＞ACとするとき（右図参照），DB＝ACとなる点を点Dとする。このとき，$\triangle$DBC＜$\triangle$ACBである。

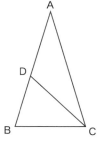

しかし，$\triangle$DBCと$\triangle$ACBにおいて，CB＝BC，DB＝AC，$\angle$ABC＝$\angle$DBC＝$\angle$ACBより，$\triangle$DBC≡$\triangle$ACB（2辺挟角相等）である。

これは，矛盾している。この矛盾の原因は，命題$\neg Q$を仮定したことにある。ゆえに，「辺ABと辺ACは等しくない」ことはない，つまり，$\neg (\neg Q)$

で，これはQとなる。よって，命題$P \rightarrow Q$が証明された。

数学的帰納法

帰納推論ではなく，演繹推論の連鎖である。

$P(1)$が成立することを示し，$P(n)$が成立すれば$P(n+1)$が成立することを示して，自然数nに関する命題$P(n)$がすべてのnに対して成立することを証明する方法である。

事象が無限にある場合は，以上の証明手法でないと証明したことにならないが，事象をまとめ，有限にできる場合に限り次の証明手法も可能になる。

消去法

起こり得る組み合わせをすべて列挙し，条件に当てはまらない場合を消去することにより証明することが可能である。

確認問題

1 以下の文が命題ならば○を，命題でないなら×を（　　）に書こう。

①（　　）あっ，三角形だ。

②（　　）あれは，三角形です。

③（　　）がんばれ，三角形の作図完成までもう少し。

④（　　）きっと三角形だよ。

⑤（　　）たぶん三角形だ。

⑥（　　）3直線で囲まれた図形ならば，三角形だぞ。

⑦（　　）作図を練習し続けるならば，三角形を書くことができる。

2 次の推論について答えよう。

同じ形の三角形を敷き詰めた。次に，先とは形が違う三角形をつかって同様に敷き詰めた。これらの作業結果から，「すべての三角形の内角の和は，180°である」という推論を行った。

これは何という推論か。また，この推論には，どのような特徴と限界があるか。

3 命題論理の演算についての法則の⑤ド・モルガンの法則の右（113ページ）
が成り立つことを，真理表を書いて確かめよう。

4 参考文献『エウクレイデス全集第1巻　原論Ⅰ－Ⅵ』にある命題（定理）
1～10，命題（定理）47（ピタゴラスの定理），命題（定理）48を読み解き，感
想をまとめよう。

引用・参考文献・より深く学習するための参考文献
・『エウクレイデス全集第1巻　原論Ⅰ－Ⅵ』斉藤憲・三浦伸夫訳，東京大学出版会，2008年
・内井惣七『真理・証明・計算――論理と機械』ミネルヴァ書房，1989年
・野矢茂樹『論理トレーニング101題』産業図書，2001年
・前原昭二『記号論理入門』日本評論社，1967年
・横地清『中学生の数学①　集合と論理』国土社，1973年

第 **10** 章

変化と関係（関数）

関数の定義や指導法を見ることによって，算数から数学につながる1つの "流れ" が見えてくる。関数の概念の背景には，人類の生活史や文化史がある。いろいろな関数の特徴をグラフから捉えることが大切である。

キーワード

関数　グラフ　比例・反比例　いろいろな関数　微積分

1　関数とは

数量関係の内容は，「関数の考え方」「式の表現と読み」「資料の整理と読み」である。

「関数の考え方」では，たとえば，朝夕は寒いが日中は暖かくなるといった身近で感覚的な現象に着目し，その変化をより詳しく，量的に調べるために時間と気温という2つの**変量**を抽出する。次に，測定器具（時計と温度計）を使い，2変量の観測値を実際に求める。さらに，得られた観測値を**表**にまとめたり，方眼紙にプロットして**グラフ**に表したりし，最後に，時刻と気温の関係について表やグラフからどのようなことが読み取れるかを考える。

小学校での関数の考え方の指導はおおむねこのような手順で進められるが，ここでは，関数を記述する重要な手法である表とグラフが登場している。この段階で描かれるグラフは，実際には折れ線グラフである。

第6学年では，2変量の間の関係が式で表現できる比例と反比例を取りあ

げ，中学校での関数指導につなげていく。式で表現できる関数は，代数的な変形や微分，積分などの極限操作を行うことができ，一般の関数のモデルとして役に立つ。

式を使った議論が多くなる中学校以降の数学では，現実の現象が忘れられがちであるので，小学校では変量を抽出する過程を十分に意識して指導することが重要となるだろう。

（1）関数の一般的な定義

1日における時刻と気温の関係は関数の例であるが，さらにいくつかの例を挙げてみよう。

例1

ある街でタクシーに乗ろうとしたら，2 km まで750 円，そのあと1km ごとに90 円と書かれていた。この案内から，料金は走行距離によって決まり，2 km 以内であれば一律750 円，2 km を超える場合は，3 km 以内であれば750 ＋ 90 ＝ 840 円，4 km 以内であれば750 ＋ 90 ＋ 90 ＝ 930 円などと計算されることがわかる（図表10-1）。

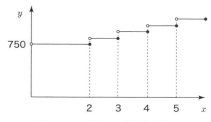

図表 10-1　タクシー料金のグラフ

タクシー料金は，比較的簡単に計算できる関数の例であるが，ここでは変化するのは走行距離と料金であり，それらを変量として抽出することができる。料金をy 円，走行距離をx km とすると，x が決まるとy がただ1つ決まるので，y はx の関数である。

例2

　1辺の長さが x cm の正方形の面積を y cm^2 とすると，$y = x^2$ である（図表 10-2）。

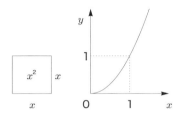

図表 10-2　正方形の面積

　1辺の長さ x がどのような値であっても，正方形の面積 y は上の式で決まるので，この場合も，面積 y は1辺の長さ x の関数である。

　定義　2つの変量 x と y があり，x の値をどのように決めても，それに応じて y の値がただ1つ決まるとき，y は x の**関数**であるという。

　これが現代数学における関数の一般的な定義である。

　関数の定義では，各 x の値に対して y の値がただ1つ決まることがもっとも大切である。これを，関数の値の**一意性**という。

　y が x の関数であるからといって，x が y の関数であるとは限らない。

　例1における走行距離 x はタクシー料金 y の関数ではない。これは，料金が変化しない区間があるからである。一方，例2における正方形の1辺の長さ x は面積 y の関数である。実際，$x > 0$ より，$x = \sqrt{y}$ と表される。

　y が x の関数であり，x が y の関数でもあるとき，これら2つの関数は互いに他の**逆関数**であるという。

（2）関数の教科書での定義

　中学校で1次関数や2次関数について学び，高等学校では，それらに加えて三角関数，指数関数，対数関数などについて学習するが，教科書では関数についてどのように説明されているだろうか。

　中学1年生用のある「数学」の教科書では，「ある量とそれにともなって変化する他の量があり，それぞれを変数 x, y で表す。x を決めると，それにと

もなって y の値もただ1つ決まるとき y は x の**関数である**という」と説明されている。

また，高校生用のある「数学I」の教科書では，「2つの変数 x と y があって，x の値を定めるとそれに対応して y の値がただ1つ定まるとき，y は x の関数であるという」と説明されている。

これらの説明は，表現は多少異なるが，趣旨は上に述べた一般的な関数の定義と同じであるといえる。

関数についてより詳しく説明している教科書もある。上で引用した「数学I」の教科書では，y が x の関数であることを表す記号 $y = f(x)$ の説明や，関数の値，定義域，値域，また，グラフや最大値，最小値などの用語が例とともに説明されている。

本書でも，これらについて以下で順次説明していくが，実際に中学校や高校の教科書を手にとって読んでみることをお勧めする。

（3）関数の記号

関数の記号について，上に引用した「数学I」の教科書では，「y が x の関数であることを，文字 f などを用いて $y = f(x)$ と表す」と説明されている。また，「この関数を，単に関数 $f(x)$ ともいう」と書かれている。記号 $f(x)$ は，関数を表すための特有の記号で，慣れると便利である。

関数を表す記号 f を**関数記号**という。関数記号は，関数を識別するための「名前」であると考えられる。f, g などの複数の関数記号を用いると，複数の関数を区別しながら同時に扱うことが可能になる。

たとえば，後の節で述べるが，微積分ではある関数 $f(x)$ の導関数を $f'(x)$ と表す。

関数 $f(x)$ において，x の値 a に対応して定まる y の値を $f(a)$ と書き，$f(a)$ を関数 $f(x)$ の $x = a$ における**値**という。

このように，関数記号を用いると，関数の値を簡単に表すことができる。

なお，関数という言葉はニュートンと独立に微積分法を発見したライプニッツによって初めて使われた。オイラーは $f(x)$ という記号を導入したが，「関数とは変数や定数を組み合わせてできた式である」と定義していた。今日のように関数を変数の間の対応として捉える考え方は，フーリエによる熱の伝

わり方の研究を契機としている。

（4）グラフ

一般に，関数は表，グラフ，式で表すことができる。

例3

気温は地上から10 km くらいまでは，100 m 高くなるごとに，0.6℃ずつ下がるといわれている。いま，地上の気温が20℃のとき，地上から高さx km 上空の気温をy℃とすると，$y = 20 - 6x$ となる。ただし，x は$0 \leqq x \leqq 10$ の範囲を動く（図表10-3）。

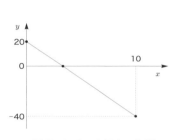

図表10-3　大気中の気温

図表10-4　上空に行くほど気温は下がる

一般に，関数$y = f(x)$ において，変数x のとり得る値の範囲を，この関数の**定義域**という。また，x が定義域全体を動くとき，y がとる値の範囲をこの関数の**値域**という。

例3において，y はx の関数であり，定義域は$0 \leqq x \leqq 10$, 値域は$-40 \leqq y \leqq 20$ である。

平面上に座標軸を定めると，平面上の任意の点Pの位置は2つの実数の組(a, b) で表される。これを点Pの**座標**という。座標が(a, b) である点を点(a, b) という。

関数$y = f(x)$ に対し，$y = f(x)$ を満たす点(x, y) の全体をこの関数の**グラフ**という。

例3の関数$y = 20 - 6x$ において，$x = 0$ とすると，$y = 20$ となり，$x = 10$とすると，$y = -40$ となる。よって，グラフは2点A$(0, 20)$, B$(10, -40)$

を含み，グラフ上のほかの点はすべて線分AB上にある。

　一般に，1次関数のグラフは直線である。ただし，定義域が制限されている場合には，直線の一部になる。

　例1，例2の関数の定義域はどちらも $x > 0$ である（図表10-1，図表10-2）。

　関数のグラフには，定義域のほかにもいろいろな情報が含まれているので，グラフの概略を描くだけでも役に立つ。

　たとえば，例1の関数の値は $x = 2$ を境として750から840へ急激に変化している。グラフにギャップができるこのような点を**不連続点**という。電気料金や郵便料金などもこのような階段状のグラフで表され，不連続点をもつ。

　一方，例2の関数のグラフでは，どこにもギャップが見当たらない。どこにも不連続点がない関数のグラフは全体としてつながっている。このような関数を**連続関数**という。

（5）関数の特徴を捉える

　中学，高校ではいろいろな関数を扱うが，それぞれの関数の特徴をよく捉えることが重要である。

　晴れた日の1日の気温変化では，日の出とともに気温は上昇し始め，午後1時ごろにピークに達する。その後，気温は下がり始め，夕方まで徐々に涼しくなっていく。時刻を x，気温を y とすると，おおむね午前は x が増えるにしたがって y も増加し，午後は x が増えるにしたがって y は減少することになる。

　一般に，$a < b$ を満たすすべての a, b に対して $f(a) < f(b)$ が成り立つとき，関数 $f(x)$ は**増加関数**であるという。また，逆に，$f(a) > f(b)$ が成り立つとき，$f(x)$ は**減少関数**であるという。

　たとえば，$y = x + 1$ は増加関数である。

　午前中の気温が時刻とともに上昇していると，その時間帯に限れば，気温は時間の増加関数であるといえる。一方，気温が午後1時にピークに達し，それ以降は夕方まで涼しくなっていくならば，その時間帯に限れば，気温は時刻の減少関数であるともいえる。

　このように，関数 $y = f(x)$ は，一般にはいくつかの増加する部分と減少す

る部分とからできている。

　ある値 a の近くだけに着目したとき，$f(x)$ が $x < a$ では増加し，$a < x$ では減少するならば，$f(x)$ は $x = a$ でその付近での最大（ピーク）の値をとる。このとき，$f(x)$ は $x = a$ で**極大**になるといい，そのときの値 $f(a)$ を f の**極大値**という。**極小値**についても同様である。

2　1次関数と分数関数

（1）比例と反比例

　第6学年で扱われる比例と反比例は，関数の考え方への導入として重要である。

　1）　比例

　比例は，日常的な計算や推量に使われる自然な考え方である。

例4

　ある国では1,500円のものに対して120円の消費税が課される。では，45,000円のものに対してはいくらの消費税が課されるだろうか。税額が本体価格に比例することを既知とすると，45,000円は1,500円の30倍であるから，求める税額は120円を30倍した3,600円である（図表10-5）。

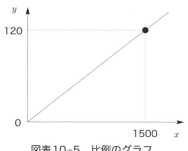

図表10-5　比例のグラフ

　2つの変数 x, y について，y が x に**比例する**とはどういうことだろうか。英語での表現‘y is proportional to x’から類推すると，y は x の変化に応じて，「同じ比率になるように」変化するということだろう。つまり，「x が2倍，3

倍…になると，それに応じて y も2倍，3倍…になる」ということである。比例は，どの算数の教科書でも，このように説明されている。

$y = f(x)$ と表すと，上記の性質は，

$$f(kx) = k f(x)$$

と表される。関数が満たすべき性質を表す等式を**関数等式**という。

上の関数等式を満たす関数をすべて決定してみよう。

関数等式において $x = 1$ と置くと，$f(k) = k f(1)$ となる。$f(1)$ は定数なので，$f(1) = a$ と置くと $f(k) = a k$ となる。k は任意なので，一般に $f(x) = a x$ となる。

この式を比例の**一般形**といい，a を**比例定数**という。ただし，$a \neq 0$ とする。

例5

例4を比例の一般形を使って解いてみよう。y は x に比例するので，$y = a x$ と書ける。$x = 1,500$ のとき $y = 120$ となるので $a = 0.08$ である。したがって，$x = 45,000$ のとき，$y = 0.08 \times 45,000 = 3,600$ となる。

y が x に比例しているとき，$y = a x$ とすると，$\frac{y}{x} = a$ となるから，両者の比は一定である。また，このとき $\frac{x}{y} = \frac{1}{a}$ も一定であるから，x は y に比例する。

比例の考え方も現象としての比例も，関数の考え方の基本であるが，ともなって変化する2つの変量の関係は比例だけではないことに注意する必要がある。かなり正確に比例する現象も，そうでない現象もある。近似的にのみ比例関係が成り立つ場合や，変数の2乗に比例する場合などもある。それらのなかで，y が x のちょうど−1乗に比例する場合が次に述べる反比例である。

2）　反比例

反比例は比例とちょうど反対の概念であり，日常的な計算や推量に使われる自然な考え方である。

例6

あるマンションで外壁の補修工事の足場を組むのに，10人の職人で組むと6日かかる。15人の職人で組むと何日かかるか考えてみよう。日数が人数に反比例することを既知とすると，15人は10人の $\frac{3}{2}$ 倍であるから，求める日数は6日を $\frac{2}{3}$ 倍した4日である（図表10-6）。

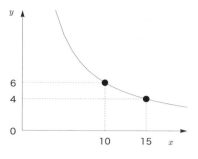

図表10-6　反比例のグラフ

　反比例の考え方は，比例の考え方とよく似ている。2つの変数x, yについて，y が x に**反比例**するとは，y は x の変化に応じて，「反対の比率になるように」変化するということである。ここで，「反対の比率」とは，「x が2倍，3倍… になると，それに応じてy は$\frac{1}{2}$ 倍，$\frac{1}{3}$ 倍…になる」ということである。反比例は，どの算数の教科書でも，このように説明されている。

　$y = f(x)$ と表すと，上記の性質は，

$$f(k\,x) = \frac{1}{k}\,f(x)$$

と表される。これも1つの関数等式である。

　上の関数等式を満たす関数をすべて決定してみよう。

　関数等式において$x = 1$ と置くと，$f(k) = \frac{1}{k}\,f(1)$ となる。$f(1)$ は定数なので，$f(1) = a$ と置くと$f(k) = \frac{a}{k}$ となる。k は任意なので，一般に$f(x) = \frac{a}{x}$ となる。

　この式を反比例の**一般形**という。ただし，$a \neq 0$ とする。

例7

例6を反比例の一般形を使って解いてみよう。

　y は x に反比例するので，$y = \frac{a}{x}$ と書ける。$x = 10$ のとき$y = 6$ となるので$a = 60$ である。したがって，$x = 15$ のとき，$y = \frac{60}{15} = 4$ となる。

　y が x に反比例しているとき，$y = \frac{a}{x}$ とすると，$x\,y = a$ となるから，両者の積$x\,y$ は一定である。よって，x はy に反比例する。

(2) 1次関数

中学校では，比例・反比例について簡単に復習した後，1次関数，2次関数について学習する。とくに，1次関数は関数全体の中で基本となる。

例8

一般に，気体は温度が上がると膨張する。たとえば，x ℃，1気圧の CO_2（二酸化炭素）1 kg の体積を y L とすると，

$$y = a (x + 273)$$

が成り立つ。ただし，a は定数で，$a \fallingdotseq 1.86$ である（シャルルの法則，1787年）。CO_2 の体積が27℃のときに比べて $\frac{1}{6}$ だけ増えるのは，何℃のときだろうか。ただし，気圧は1気圧で一定とする。27℃のときの体積を V_0 とすると，$V_0 = 300\,a$ である。x ℃のときに体積が $\frac{7}{6} V_0$ になるとすると，$\frac{7}{6} V_0 = a (x + 273)$ である。これら2つの式を満たす x の値は $x = 77$ である。よって，求める温度は77℃である（図表10-7）。

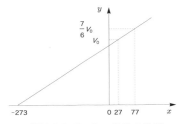

図表10-7　シャルルの法則

例8の y は x ではなく，$x + 273$ に比例していることに注意しよう。では，273 という数にはどのような意味があるのだろうか。

一般に，$y = ax + b$ の形の式で表される関数を**1次関数**という。ただし，$a \neq 0$ とする。1次関数のグラフは直線であり，a はグラフの**傾き**あるいは勾配を表す。b を y **切片**といい，グラフは y 軸上の点 $(0, y)$ を通る。

なお，$a = 0$ の場合は $y = b$ となり，グラフは x 軸に平行な直線になる。このような関数を**定数関数**という。

$a \neq 0$ のとき，グラフを延長すると必ずどこかで x 軸と交わる。実際，$y = 0$ とおいてみると，$x = -\frac{b}{a}$ となる。これを x **切片**といい，グラフは x 軸上の点 $\left(-\frac{b}{a}, 0\right)$ を通る。

　上の例で，$y = 0$ と置くと$x = -273$ となるので，x 切片は-273である。これは，摂氏で表した気体の温度が-273℃となるとき，体積が理論上 0 になることを示している（実際に体積が 0 になることはない）。この温度（正確には，-273.15℃）を絶対零度という。$x + 273$ は絶対零度を基準とした温度であり，絶対温度という。まとめると，気体の体積は絶対温度に比例するということができる。

　いろいろな気体について実験した結果，気体の種類が異なっても，体積が絶対温度に比例することは変わらないことがわかった。また，比例定数 a は気体の種類によって異なるが，異なる気体の比例定数 a の値どうしを比べると，いつでも整数比をなすこともわかった。このような実験結果は，物質の究極の構造に何らかの最小単位があることを示唆しており，物質の分子説や原子説が唱えられる根拠となった。

　この例のように，すべての 1 次関数は比例のグラフにおける原点の位置をずらしたものとして解釈できる。点 (a, b) を通り，傾きが k の直線は 1 次関数 $y = k(x - a) + b$ のグラフである。b を移項すると$y - b = k(x - a)$ となり，$y - b$ が$x - a$ に比例していると見ることができる。

（3）分数関数

　分数式で表される関数を**分数関数**という。分数関数のもっとも基本的な例は，小学校で学習する反比例$y = \dfrac{a}{x}$（ただし，aは定数）である。

例9

　母校の高校で教育実習をすることになったA子さんは，当時担任をしていただいたB先生にあいさつに行った。現在，A子さんは21歳，B先生は31歳であるとすると，A子さんの年齢がB先生の年齢の$\dfrac{3}{4}$ になるのは何年後だろうか。x 年後のA子さんの年齢がx 年後のB先生の年齢のy 倍であるとすると，$x + 21 = y(x + 31)$, すなわち，$y = \dfrac{x+21}{x+31}$ となる。これから，$y = \dfrac{3}{4}$ となるx を求めると，$x = 9$ となる。よって，そのようなことが起こるのは 9 年後である（130ページ図表10-8）。

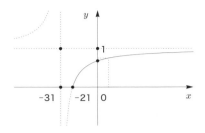

図表10-8　年齢の比率

この例で登場した関数 $y = \dfrac{x+21}{x+31}$ において，x をどんどん大きくしていくと，y は限りなく値1に近づく。このことは，たとえば，

$$y = \frac{x+21}{x+31} = 1 - \frac{10}{x+31}$$

などと式を変形してみてもわかるだろう。

　年齢とは不思議なもので，歳をとるにしたがって，年長者との間の年齢差がだんだん感じられなくなり，年齢が近くなったような気がする。親や恩師との年齢差についてそのような感想をもつ人は多い。もちろん，実際には年齢差は一定であるのにどうしてそう感じるのだろうか。年齢差は一定であるが，年齢の比が1に近づくのである。

　この関数の定義域を考えてみよう。分母，分子が年齢を表すことを考慮すると，定義域は $x \geqq -21$ である。

　しかし，関数を純粋に数学的に考える場合は，関数を与える式が意味をもつような x の値全体を定義域と考えたほうが都合がよい。数学的には，分数式は分母が0にならない限りいつでも意味をもつので，定義域は $x \neq -31$ を満たす実数全体である。グラフは図表10-8のような曲線となり，この曲線を**双曲線**という。また，2本の直線 $x = -31$ と $y = 1$ をこの双曲線の**漸近線**という。

　双曲線は，2本の漸近線の交点を中心として点対称である。

　小学校で扱う比例・反比例のグラフは，直線や双曲線の一部分である。

3　いろいろな関数

ここでは，1次関数，分数関数以外のいくつかの重要な関数について簡単
に触れておこう。

1次関数，分数関数は比例・反比例の直接の応用であるといえるだろう。
だが，さらにいろいろな現象を調べるためには，もう少し扱える関数を増や
していく必要がある。

学年が進むにつれて，小学校で学習した比例・反比例という言葉の教科書
での出現頻度は下がっていく。けれども，それらの概念はいろいろな関数を
理解する重要な基礎となっている。比例・反比例は，バロック音楽の通奏低
音のように，いつも数学のなかで鳴り響いている。

（1）2次関数，3次関数

x の2次式で表される関数 $y = ax^2 + bx + c$ を**2次関数**という。ただし，
a, b, c は定数で，$a \neq 0$ とする。

例10

ある定食屋で，定価360円のランチが1日に660食売れる。定価を10円値上
げするごとに販売数は15食ずつ減少するとすると，定価をいくらにしたと
きに，売り上げ総額が最大となるだろうか。定価を x 円，売り上げ総額を
y 円とすると，

$$y = x\{660 - \frac{15}{10}(x - 360)\} = x(1200 - \frac{3}{2}x)$$

これから，$x = 360, 370, \cdots$ として y の値を計算すると $x = 400$ まで y は
増加し，そこからは減少し始める。よって，定価が400円のとき，売り上
げは最大になる（132ページ図表10-9）。

上の式は $y = \frac{3}{2}\{400^2 - (x - 400)^2\}$ と変形することもできる。このよう
な形に変形することを**平方完成**といい，この式からも，$x = 400$ のとき
y が最大になることがわかる。

一般に，2次関数 $y = ax^2 + bx + c$ を平方完成すると，$y = a(x - p)^2 + q$ の形になる。ただし，$p = -\frac{b}{2a}$，$q = -\frac{b^2 - 4ac}{4a}$ である。したがって，2

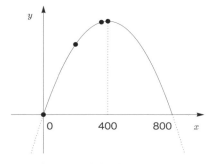

図表10-9　定食の値段と売り上げ

図表10-10　今日の定食はうな丼だ

次関数のグラフは直線 $x = p$ を対称軸として線対称となる。この曲線を**放物線**という。また，直線 $x = p$ をこの放物線の**軸**という。2次関数の定義域は実数全体で，$a > 0$ なら $x = p$ のとき最小値 q をとり，$a < 0$ なら $x = p$ のとき最大値 q をとる。

　3次関数についても簡単に触れておこう。

例11

　1辺30cmの特大サイズの折り紙の四隅から1辺 x cm の正方形を切り取り，蓋のない箱を作る（図表10-11）。x をいくらにしたときに箱の容積は最大になるだろうか。箱の容積を y cm^3 とすると，$y = x(30 - 2x)^2, 0 \leqq x \leqq 15$ となる。$x = 0, 1, 2, \cdots, 15$ の各値に対して y の値を計算し，方眼紙にプロットすると，図表10-12 のようなグラフが描かれる。グラフから，$x = 5$

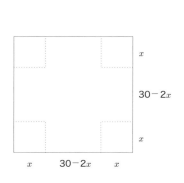

図表10-11　折り紙の四隅を切る

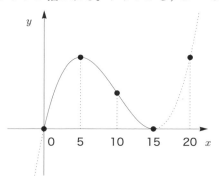

図表10-12　できる箱の体積

のときに容積は最大になる。なお，グラフの全体は$x = 10$ となる点(10, 1000) を中心として点対称な曲線である。

一般に，x の 3 次式で表される関数$y = a\,x^3 + b\,x^2 + c\,x + d$を**3次関数**という。ただし，$a, b, c, d$ は定数で，$a \neq 0$ とする。定義域は本来は実数全体で，グラフは$x = -\dfrac{b}{3a}$ となる点を中心として点対称な曲線になる。

(2) 三角関数

土地を測って長さや面積を求める測量は古代から行われてきた。

$\angle \mathrm{A} = \theta$ を決めると直角三角形△ABC は互いに相似になるので，3 辺の長さの比はただ 1 つに決まる。このとき，辺の長さの比を**三角比**という。

$$\sin \theta = \frac{\mathrm{CB}}{\mathrm{AC}}, \cos \theta = \frac{\mathrm{AB}}{\mathrm{AC}}, \tan \theta = \frac{\mathrm{BC}}{\mathrm{AB}}$$

はよく使う三角比で，順に**サイン，コサイン，タンジェント**と呼ぶ。

例12

1 辺の長さが 2 の正三角形を半分に折って 2 つの合同な直角三角形を作ると，その辺の長さは$1, 2, \sqrt{3}$ となる (図表10-13)。これから$\tan 30° = \dfrac{1}{\sqrt{3}}$ である。1 本の杉の木から20 m 離れて木のてっぺんを見上げたら地面から30° 上の方向に見えた。このとき，木の高さは$20 \tan 30° = \dfrac{20}{\sqrt{3}}$ m で求められる。$\sqrt{3} \fallingdotseq 1.73$ とすると，約11.6 m である (図表10-14)。

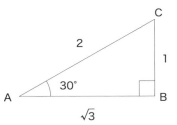

図表10-13　$\tan 30°$ の値は$\dfrac{1}{\sqrt{3}}$ である

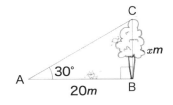

図表10-14＊ 木の高さは木までの距離の$\tan 30°$倍である

その名前からは意外に感じるかもしれないが，三角関数と円との間には深い関係がある。

例13

中心O，半径 r の円において，弦AB の上の中心角 $\angle$AOB を 2θ とするとき，中心から弦までの距離や弦の長さを求めよう（図表10-15）。

O から弦AB に引いた垂線と弦との交点をH とすると，H は弦AB の中点で，$\triangle$OAH は直角三角形なので，OH $= r\cos\theta$，AB $= 2r\sin\theta$ となる。

この例で，円上に第3の点C をとると，$\angle$ACB は弦AB の上の円周角なので，$\angle$ACB $= \theta$ となる（図表10-16）。よって，$\triangle$ABC において，順に $a =$ BC，$b =$ CA，$c =$ AB，$A = \angle$A，$B = \angle$B，$C = \angle$Cとおくと，$c =$ AB $= 2r\sin\theta = 2r\sin C$ が成り立つ。同様に $a = 2r\sin A, b = 2r\sin B$ もいえるので，

$$\frac{a}{\sin A} = \frac{b}{\sin B} = \frac{c}{\sin C} = 2r$$

これを**正弦定理**といい，三角形の1辺の長さを知れば，他の辺の長さは角度から三角関数表によって計算できることを示している。

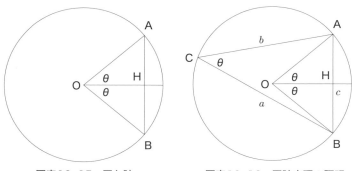

図表10-15　円と弦　　　　　　図表10-16　正弦定理の証明

上の例で，さらに点O を原点とし，OH を x 軸の正の向きとするような座標軸を設ける（図表10-17）と，この座標平面上で，点A の座標は $(r\cos\theta; r\sin\theta)$ となる。半径の異なる円もすべて原点を中心として互いに相似だから，$r = 1$ の場合がとくに重要である。原点を中心とする半径1の円を**単位円**という。結局，単位円上のすべての点は $(\cos\theta, \sin\theta)$ と表すことができ，これを単位円の**パラメーター表示**という。

　ここで θ は，点 $(1, 0)$ から A まで単位円に沿って動く点の回転量を表していると考えれば，$0 \leqq \theta \leqq 90°$ に限定する必要はない。たとえば，$360°$ は 1 回転してもとに戻ってくる回転，$-90°$ は右回り $90°$ の回転を表している。角の考え方をこのように広げたものを**一般角**という。

　三角比を θ の関数として考えたものを**三角関数**という。一般角を使えば，三角関数の定義域を実数全体にまで広げられる。

　図表10-18 は $y = \cos x, y = \sin x$ のグラフである。グラフから想像できるように，三角関数は，天体の運行や振動，波動のような周期的な変化を式で表して調べるのに役に立つ。

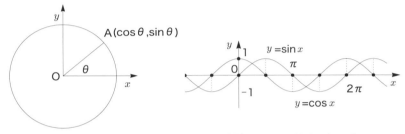

図表10-17　円と三角関数　　　　図表10-18　サインカーブ

（3）指数関数

　数の計算において，$a \times a$ を a^2 と書き，$a \times a \times a$ を a^3 と書くことはよく知られている。ここで，a^2, a^3 などの式の $2, 3$ の部分を**指数**と呼ぶ。また，この記法を拡張して $a^{-1} = \frac{1}{a}$ ，$a^{-2} = \frac{1}{a^2}$ などと約束すると計算に便利であることもよく知られている。

　そこで，一般に，a^x という式を考え，x の取り得る値の範囲を任意の実数にまで拡げたものが**指数関数**である。

　指数関数 $y = a^x$ は $a > 1$ のとき増加関数であり，$0 < a < 1$ のとき減少関数である。定数 a をこの指数関数の**底**という。$a < 0$ の場合は考えない。

　指数関数では，指数法則，

　　$a^{x_1} a^{x_2} = a^{x_1 + x_2}$

がとくに重要である。$f(x) = a^x$ とおくと，指数法則は $f(x_1) f(x_2) = f(x_1 + x_2)$ と書くことができる。

指数関数は，人口増加や生物の増殖，利息の計算，放射性元素の崩壊のように，ある一定の倍率で時間的に変化する現象を表したり調べたりするのに役に立つ。

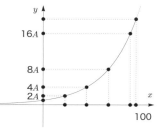

図表10-19　人口が23年半で約2倍になるとすれば，47年では約4倍になる

例14

ある地域の1年当たりの人口増加率は3％である。現在の人口をAとするとき，100年後の人口を求めてみよう（図表10-19）。

1年後の人口をA_1とすると，A_1は現在の人口Aと1年間に増加する人口$A \times 0.03$との和になるので，$A_1 = A(1 + 0.03)$となる。2年後の人口A_2は，初めの人口をA_1としたときの1年後の人口に等しいので，$A_2 = A_1(1 + 0.03) = A(1 + 0.03)^2$となる。以下も同様なので，100年後の人口$A_{100}$は，$A_{100} = A(1 + 0.03)^{100}$となることがわかる。

この例に現れるような$(1 + \omega)^n$の形の式を考えることは実用上だけでなく，理論上も重要である。ここで，nは大きな数，ωは小さな数を想定している。オイラーは，有名な『無限解析入門』(1748) のなかで，とくに$\omega = \dfrac{1}{n}$としたとき，nを大きくするにつれて$(1 + \omega)^n$がある一定の数2.71828182845… に近づくことを示した。この数を**自然対数の底**と呼び，eと書く。

このオイラーの着想はすばらしく，eは指数関数や次に述べる対数関数にとっての，いわば基本単位のような重要な役割を果たすことになる。

（4）対数関数

対数関数は指数関数の逆関数で，たとえば，例13で「人口が現在の2倍になるのは何年後か」のような「逆問題」を解くのに使われる。実用上よく使う10を底とする対数関数$\log_{10} x$は，

$$y = \log_{10} x \iff x = 10^y$$

で定義される。つまり，10を何乗すればxになるかという問いに対する答えが$\log_{10} x$である。ここで，xを**真数**，$\log_{10} x$をxの**対数**という。

対数表があれば，数の掛け算や割り算の計算が容易になる。実際，x_1とx_2

の積 $x_1\,x_2$ を求めたいとき，$\log_{10} x_1 = y_1$，$\log_{10} x_2 = y_2$ とすると，$x_1 = 10^{y_1}$，$x_2 = 10^{y_2}$ から指数法則によって $x_1\,x_2 = 10^{y_1+y_2}$ となる。

よって，

$$\log_{10}(x_1\,x_2) = \log_{10} x_1 + \log_{10} x_2$$

であるので，対数表から $\log_{10} x_1$ と $\log_{10} x_2$ の値を求め，それらを加え合わせれば $\log_{10}(x_1\,x_2)$ の値が得られることになる。後は，対数表を逆に引くことでその真数として $x_1\,x_2$ が求められる。こうして，x_1 と x_2 の掛け算が $\log_{10} x_1$ と $\log_{10} x_2$ の足し算に還元されたのである。

割り算についても事情はまったく同様で，今度は公式，

$$\log_{10}\frac{x_1}{x_2} = \log_{10} x_1 - \log_{10} x_2$$

を用いればよい。コンピュータがない時代，対数表は掛け算を足し算に，割り算を引き算に変換する「魔法の杖」であった。

15世紀から17世紀まで続いたヨーロッパの大航海時代，夜空の星座や灯台の光を見て角度を測り，三角関数を使って船の位置を計算するために大量の掛け算や割り算をすばやく行う必要があった。もし，その当時までに対数表が実用化されていなかったら，大航海時代は来なかっただろう。

(5) 微分・積分

微分法と積分法は，ニュートンとライプニッツが独立に「発見」したといわれている。

微分法とは，曲線に引いた接線の方向を求める方法で，円や放物線の接線

図表10-20　ニュートン

図表10-21　ライプニッツ

については古代から研究されていたが，一般の曲線に対して通用する一般的な方法が発見されることはなかった。

ニュートンは運動する点を考えることで，この問題を解決した。

例15

$f(x) = x^2$ とし，放物線 $y = f(x)$ 上にとった2点P$(1, 1)$,Q$(1 + h, f(1 + h))$ を結ぶ直線PQ の傾きを求めてみよう。ただし，$h \neq 0$ とする（図表10-22）。直線 $y = ax + b$ が2点P, Q を通るとすると，$f(1) = a + b, f(1 + h) = a(1 + h) + b$ となり，$f(x) = x^2$ を用いて計算すると，$a = 2 + h$, $b = -1 - h$ となる。よって，PQ の傾きは $2 + h$ である。ここで，点Q を曲線に沿って移動させ，点P に近づけてみよう。すると，h は0 に近づき，a, bはそれぞれ2, -1 に近づき，直線PQ は直線 $y = 2x - 1$ に近づく。これが点Pで放物線に引いた**接線**である（図表10-23）。

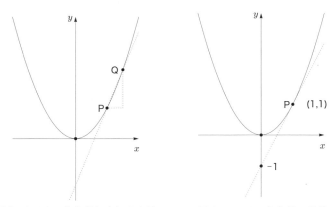

図表10-22　放物線と交わる直線　　図表10-23　放物線の接線

放物線 $y = x^2$ 上の点$(1, 1)$ で引いた接線の傾きが2 であることがわかった。これは，この点の近くでの y の微小な変化が x の微小な変化に比例すること，そのときの比例定数は2 であることを示している。

上で求めた接線の傾き2 を関数 $y = f(x)$ の $x = 1$ での**微分係数**という。同様の計算から，一般に $x = a$ での微分係数は $2a$ であることもわかる。

$f'(x) = 2x$ とおいてみると，$y = f(x)$ の $x = a$ での微分係数$2a$は$f'(a)$ と表される。$f'(x)$ を$f(x)$ の**導関数**という。導関数を求めることを**微分する**

という。

　ギリシャ時代には，物の運動を根拠にした議論は厳密ではないと考えられていた。ユークリッドの『原論』でも，一貫して静止した図形だけを扱っており，図形の平行移動や回転がなるべく議論の表舞台に現れないように工夫されている。ニュートンはそれまでになかった動的なアイディアを数学に導入することによって，数学を書き換えた。

　一方，ライプニッツは無限に小さい量というアイディアを用いて，ニュートンとは独立に微積分を発見した。

　積分法とは，面積を求める一般的な方法である。

例16

　$g(x) = 2\,x, a > 0$ とする。$y = g(x)$ のグラフと x 軸との間の $0 \leqq x \leqq a$ の部分の面積を求めよう（図表10-24）。求める面積を $f(a)$ と書くと，$f(a)$ は底辺 a，高さ $2\,a$ の直角三角形の面積なので，$f(a) = a^2$ となる。

　この例で求めた直角三角形の面積 $f(a) = a^2$ は，例15に登場した関数 $f(x) = x^2$ の x に a を代入した値に一致している。

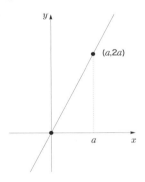

図表10-24 曲線の下の面積

　結局，これらの2つの例では，同じ2つの関数 $y = f(x)$ と $y = g(x)$ が，役割は異なるが，どちらにも登場している。これは偶然だろうか。

　ニュートンは $y = f(x)$ のグラフの接線を求める手続きと，$y = g(x)$ のグラフの下側の面積を求める手続きとが，互いにいつでもちょうど逆の手続きになることを「証明」した。

$$f(x) = x^2 \mathrel{\substack{\text{微分する}\\ \rightleftarrows \\ \text{積分する}}} g(x) = 2\,x$$

これを**微分積分学の基本定理**という。

したがって，$y = g(x)$ のグラフの下側の面積を求めるには，$f'(x) = g(x)$ を満たす関数 $f(x)$ を求めればよい。そのような $f(x)$ を $g(x)$ の**原始関数**という。原始関数を求めることを**積分**するという。

このことを利用すると，いろいろな曲線で囲まれた面積を簡単に計算することができる。

確認問題

1　$y = f(x)$ が x に比例するとき，$f(x_1 + x_2) = f(x_1) + f(x_2)$ を示そう。また，これを用いて $f(2\,x) = 2\,f(x)$ を示そう。

2　今までに学習した数学や理科の定理や公式から，比例・反比例の考えを使うとうまく説明できるものをピックアップしよう。

3　$f(x) = 1 - \dfrac{1}{x}$ のとき，$f(f(f(x)))$ を簡単にしよう。

引用・参考文献・より深く学習するための参考文献
・小・中・高等学校の算数，数学の教科書
・ヴィクター・J. カッツ『カッツ　数学の歴史』上野健爾・中根美知代ほか訳，共立出版，2005年
・ハイラー・ヴァンナー『解析教程（上・下）』蟹江幸博訳，丸善出版，2006年（新装版2012年）
・矢野健太郎『数学の考え方』講談社現代新書15，講談社，1964年
・レイコフ・ヌーニェス『数学の認知科学』植野義明・重光由加訳，丸善出版，2012年

注 ＊
イラスト 東京工芸大学建築学科2年浅原麻緒（2014年）

第 11 章

データの活用（確率と統計）

PISA調査問題の4つの包括的アイディアである「量」「空間と形」「変化と関係」「不確実性」のうちの不確実性（確率と統計）に関する内容を記述する。数量の捉え方として確率的に捉えることを中心として，単なるさいころの事象などのみならず，さまざまに収集される資料（データ）が確率分布と呼ばれる確率的な規則に基づき存在するようすを知る。また，その活動を利用して部分集合の「標本」と呼ばれる一部の集団から全体集合の「母集団」と呼ばれる集団の性質を推し量ることができる。

キーワード

場合の数　確率　確率分布　標本調査

1　順列と組合せ

（1）個数の数え上げ

「もの」の個数を数えることは簡単そうであるが，さまざまな条件のもとで「もの」の個数を数えるならば，複雑で難しくなることが多い。たとえば4個の異なるものを順番に一列に並べる方法の総数は24通りであるが，個数を増やして20個にすれば，その総数は19桁の数となり電卓で扱うこともできない。そうした「もの」の数え上げはほかの数学分野とも融合し，組合せ論（Combinatorics）と呼ばれる一分野を形成する。ここでは数え上げの手法の一部の「順列」「組合せ」について簡単に解説する。

(2) 場合の数と順列

「場合の数」は「さいころを何回か振ったときの目の出方などのように, ある事柄の起こり方の総数」(大辞林第三版, 三省堂, 2006年) を意味する。「ある事柄」というのは**事象**と呼び, 日常的な場面で遭遇するあらゆる事柄を示す。そして, 並べる・加える・積むなどの作業による「順序」や, 選ぶ・捨てるなどの作業による「選別」などを数え上げの例としてここでは扱う。

例題1 *a, b, c, d*の4文字の並べ方の総数を求めなさい。

図表11-1のような書き上げは, 1番目を*a*とした場合を示したもので, 文字の枝葉のように並ぶ様子で**樹形図**(Tree) と呼ぶ。先頭が*b, c, d*である場合も書き上げれば, 全部で24通りある。これは1番目は*a, b, c, d*の4通り, 2番目はそれぞれに3通り, 3番目はそれぞれに2通り, 最後は1通りという順番を考えて一列に並べる**順列**へ結びつく。この総数は4×3×2×1と計算でき, そのまま一般の*n*個のものの並べ方の総数を求める場合には, 階乗 *n*!の計算となる。

$$n! = n(n-1)(n-2)\cdots3\times2\times1$$

さらに「4文字から3文字を選んで一列に並べる」問題に対しては, 図表11-1の樹形図より4×3×2とすればよい。一般化して「*n*個の異なるものから*r*個を選んで一列に並べる」とすれば, これを**順列**(Permutation) と呼び, その総数は${}_n\mathrm{P}_r$と表される。

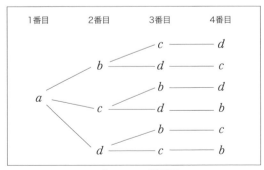

図表11-1　樹形図

$${}_n\mathrm{P}_r = n(n-1)(n-2)\cdots(n-r+1)$$

（3）組合せ

組合せは，順列と異なり「選んだものの順序に意味を持たない」場合の数である。一例を考えよう。8人の中からリレーのメンバーを4人選ぶとき，走る順番を含めて選ぶ総数は「順列」であり，またとりあえず4人を選ぶだけなら順序は関係ないので「組合せ」となる。この組合せの総数は，$\frac{_8P_4}{4!}=70$ 通りのように，選んだものの個数の階乗で割ってやればよい。これは a, b, c, d の4人が選ばれたとして，$abcd$ や $abdc$ や $bdca$ も同じ1通りと数えるためである。一般化して「n個の異なるものから r 個を選ぶ」とすれば，これを**組合せ**（Combination）と呼び，その総数は $_nC_r$ と表される。

$$_nC_r = \frac{_nP_r}{r!}$$

（4）円順列と同じものを含む場合の順列

n個の異なるものを円形に並べる場合は，「先頭や最後尾」という概念がない。たとえば，$abcd$ も $bcda$ も $cdab$ も $dabc$ も異なる一列の並べ方であるが，円形に並べるならば同一視と考えられる。つまり一列に並べる全体の方法は，4! 通りあっても，円形に並べると同一視できるものが4組ずつあるから，$\frac{4!}{4}=(4-1)!=3!$ 通りある。一般化すると，先頭は n 通りあってもそのすべてを同一視するので n で割る。こうして得られた $(n-1)!$ は n個の異なるものの**円順列**の総数である。

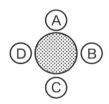

図表11-2　異なる4個を円形に並べる円順列

次に n個が n個すべて異なる場合でなく，そのうち p個だけが**同じものを含む場合の順列**がある。たとえば，$aaad$ の4文字を一列に並べるとき3つの a が，異なる3文字 abc を並べる $3!=6$ にならず，aaa の1つと考えて，$\frac{4!}{3!}=4$ 通りと考えるのである。一般化すると，n個のうち p個が同じものであるこのような

順列の総数は$p!$で割ることになる。

$$\frac{n!}{p!}$$

　同様に考えれば，n個のうちにp, q, r個の同じものを含む場合の順列の総数は，

$$\frac{n!}{p!\ q!\ r!}$$

となる。

（5）重複を許す場合の数

例題2　1から3までを書いたカードを並べて3桁の数は何通りあるか。

　同じ数を繰り返して使えないならば $3!$ 通りあるが，重複を許して111という場合も考えれば3^3通りある。したがって，一般的にn個のものを重複を許してr個並べる場合の数はn^r通りある。

（6）グループ分け

「与えられたものをいくつかのグループに分ける」ことを考えてみる。

（ⅰ）グループに区別がつく場合

　たとえば，9人を5人，2人，2人のA, B, Cの3組に分ける方法の総数は，

$$\frac{9!}{5!\ 2!\ 2!} = 756通りである。$$

　グループに区別がつくならば，同じものを含む場合の順列と同様に考えればよい。したがってn個のうち，それぞれA, B, C, D, …のグループに入る個数を$a, b, c, d,$ …とするグループ分けは，

$$\frac{n!}{a!\ b!\ c!\ d!}\ 通りとなる。$$

（ⅱ）グループに区別のつかないものがある場合

例題3　9人を5人，2人，2人の3組に分ける方法は何通りあるか。

　この場合には（ⅰ）の場合を基本として，区別のつかないグループが入れ替え可能として考えればよいから，

$$\frac{9!}{5!\ 2!\ 2!} \times \frac{1}{2!} = 378通りである。$$

　ここでは2人，2人の2組の区別がつかないため2!で割っている。したがって，区別がつかない組数の階乗で割ればよい。

（7）和と積の法則

例題4　さいころ2個を同時に投げて出た目の積が偶数となる場合の数は何通りあるか。

　出た目が偶数となるのは偶数と偶数，偶数と奇数，奇数と偶数の組み合わせのときである。したがってそれぞれ3×3＝9通りの場合があるがここでは**積の法則**が用いられている。また全体では偶数と偶数，偶数と奇数，奇数と偶数の場合は同時には起こらないので9＋9＋9＝27通りとなる。この場面では**和の法則**が用いられ，全部で27通りある。

　このように積の法則とは，2つの事柄A，BがあってAの起こる場合の数がm通りあり，その各々に対してBの起こる場合の数がn通りある。このとき，A，Bが同時に起こる場合の数は$m \times n$通りであるということである。和の法則とは，2つの事柄A，Bが同時に起こらないときに，AまたはBのいずれかが起こる場合の数は$m + n$通りあるということである。

2　確率

（1）確率の定義

　確率は偶然性をともなう事象について，その確率的な起こりやすさを数学的にあるいは量的に捉えるものである。たとえば，明日の「東京の日の入りの時刻」は天文学の知識から確定的に予想される。しかし，降水確率の予想は断定できない。これは降水を起こす要因に大気の状態などの偶然性が存在し，その解析が複雑なためである。このとき，確率的な予想にならざるを得ない。

例題5　「1個のさいころを投げて1の目の出る確率が$\frac{1}{6}$である」の意味を考えよ。

　これは「6回投げれば必ず1回は1の目が出る」ということではない。通常は1〜6の目が均一に出やすい状況を「**同様に確からしい**」と呼び，この条件下での1〜6の目の出る割合を考えている。こうした考えは古典的なラプ

ラスによる**数学的確率**とも受け取れる。また降水確率や野球のバッターが次の打席でヒットを打つ確率のようなものは**統計的確率**という。つまりこのようなさいころを投げることを繰り返し、その結果を記録していけば、確かに1の目の出る割合が $\frac{1}{6}$ 程度であることも観察できるだろう。このように対象が起こる確率は、その実験回数を重ねて出現する回数によって捉えられてくるようになるのである（**大数の法則**）。

確率では1回の**試行**の結果として起こりうるものを**根元事象**という。この根元事象の全体からなる集合を**全事象**（標本空間）という。さいころでは、根元事象は1〜6の目のどれかであり、標本空間は集合{1, 2, 3, 4, 5, 6}である。

標本空間を有限集合として、標本空間の部分集合を表すものを事象とする。つまり、事象は空集合および標本空間全体も含んでいる。

いま標本空間Ωが与えられたとき、Ωの部分集合 E のそれぞれについて関数の値 $P(E)$ が定まって、かつ、

1. すべての $E \subset \Omega$ に対して $0 \leqq P(E) \leqq 1$
2. $P(\Omega) = 1$
3. E_1, E_2, E_3, $\cdots \subset \Omega$ が互いに排反事象（後述：同時には起こらない事象）であり、つまり $i \neq j$ ならば、$E_i \cap E_j = \phi$、のときに、

$$P\left(\bigcup_i E_i\right) = \sum_i P(E_i)$$

が成り立つ。

このようなとき、標本空間Ωとその上の確率測度 P を合わせて確率空間といい、(Ω, P) と表す。

ここで実際に離散的な確率を考える場合には、

$$P(E) = \frac{\text{対象となる事象} E \text{の場合の数}}{\text{起こりうるすべての事象の場合の数}}$$

と定義すれば、上の1〜3の条件を満たすことになる。

（2）確率の加法定理と余事象の確率

1つの試行で事象 A と事象 B が同時には起こらないとき、A, B は互いに**排反である**という。このとき事象 A または B の確率は、A と B の確率の和となる。

これを**確率の加法定理**という。

$$P(A \cup B) = P(A) + P(B)$$

この性質を用いると，すべての事象：全事象の確率が 1 となることから，

$$\mathrm{P}(A) = 1 - P(\overline{A})$$

という関係式が成り立つ。ここで$\overline{A}$はAの補集合と考えればよく，確率の事象としてはAが起こらない事象となる。これをAの**余事象**と呼ぶ。

例題6　**1から100 までの整数を書いたカードから1枚引くとき，書かれた数字が，2でも3でも割り切れない確率を求めよ。**

　2で割り切れる数のカードを引く確率は$\dfrac{50}{100}$，3で割り切れる数のカードを引く確率は$\dfrac{33}{100}$である。また，2でも3でも割り切れる数のカードを引く確率は$\dfrac{16}{100}$であるから，2または3で割り切れる数のカードを引く確率は$\dfrac{50}{100} + \dfrac{33}{100} - \dfrac{16}{100} = \dfrac{67}{100}$である。したがって，求める確率はこれを 1 から引けばよいから，$1 - \dfrac{67}{100} = \dfrac{33}{100}$となる。

（3）独立試行・反復試行（確率の積）

　ある試行の結果がもう一方の試行に影響を及ぼさないとき，この2つの試行は互いに**独立である**という。たとえば，さいころ1個を2回投げるとき，1回目の試行の結果は2回目の試行になんら影響を及ぼさない。また，10円玉1枚を投げた結果とトランプのハートのA（エース）のカードを引くことも互いの結果に影響を及ぼさない。これらは互いに独立なのである。

　また，10本のうち当たりが3本あるくじを，引いたくじを元に戻さないで2回続けて1本ずつ引くとき，1本目に当たりを引くかはずれを引くかによって2本目に当たりを引く確率は異なる。このような場合，1本目と2本目の引く試行は独立でない。このように独立な試行の確率は，それぞれの試行の確率の積の形によって求められる。つまり簡単な例で考えれば，さいころ1個を連続でn回投げるとき，すべて1の目が出る確率は，

$$\left(\frac{1}{6} \right)^n$$

となる。ただし1の目がr回だけ出る確率の場合は，1の目が何回目に出たかを考えなければならないため，その場合の数を掛けてなければならない。したがって，n回中r回だけ，1の目が出る確率は，

$$_n C_r \left(\frac{1}{6}\right)^r \left(\frac{5}{6}\right)^{n-r}$$

となる。このようにある事象が n 回中 r 回起こり，残り $n-r$ 回は起こらないという試行をベルヌーイ試行という。

（4）条件付き確率と乗法定理

　10本のうち当たりが3本あるくじがある。引いたくじを元に戻さないで，1本ずつ2回連続で引くとき，1本目に当たりを引くかはずれを引くかによって2本目に当たりを引く確率が異なる（図表11-3）。

1本目のくじ	1本目を戻さない2本目
当たりを引く確率・・・ $\frac{3}{10}$ →	当たりを引く確率・・・ $\frac{2}{9}$
はずれを引く確率・・・ $\frac{7}{10}$ →	当たりを引く確率・・・ $\frac{3}{9}$

図表11-3　引いたくじを元に戻さないときの2本目に当たりくじを引く確率

　事象 A が起こったもとで事象 B が起こる確率を，事象 A が起こったときの事象 B が起こる条件付き確率と呼び，$P_A(B)$ と表す。ここで事象 A を1本目に当たりを引く事象，事象 B を2本目に当たりを引く事象とするとき，2本続けて当たりを引く確率は，$P(A) \times P_A(B) = \frac{3}{10} \times \frac{2}{9} = \frac{1}{15}$ となる。

　一般的には，

$$P_A(B) = \frac{\text{事象（} A \cap B \text{）が起こる場合の数}}{\text{事象 } A \text{ が起こる場合の数}}$$

と考えられるが，事象 A が起こる場合の数は2本目にどんなくじを引いてもよいので 3×9 通りになる。また事象 $(A \cap B)$ が起こる場合の数はともに当たりを引く場合の数であるから 3×2 通りある。よって，$P_A(B) = \frac{6}{27} = \frac{2}{9}$ と考えられ，

$$P_A(B) = \frac{P(A \cap B)}{P(A)}$$

と導かれる。この式から，$P(A \cap B) = P(A) \times P_A(B)$ を**確率の乗法定理**という。

（5）期待値

　100本のくじのなかから，1本のくじを引くときの賞金が図表11-4のように設定されている。くじ1本あたりの賞金の平均はどれくらいだろうか。

賞金	1000円	500円	100円	50円	0円	合計
本数	5	10	15	20	50	100

図表11-4　賞金とくじの本数

　高額な賞金は当たる確率は低い。この平均を求めるには，賞金にその各々の確率を乗じた加重平均を考える。つまり，

$$1000 \times \frac{5}{100} + 500 \times \frac{10}{100} + 100 \times \frac{15}{100} + 50 \times \frac{20}{100} + 0 \times \frac{50}{100}$$

$$= 125（円）$$

を，このくじを1本引くときの賞金の平均値と考え，この数値を賞金の**期待値**（期待金額）という。また期待値は，後節において確率変数における平均値として扱うことにする。

3　基本統計

（1）代表値・散らばり・分布など

　「品質管理」という言葉を聞いたことがあるだろうか。日本の企業の品質管理の技術は世界に誇るものがあり，そこで使われている基本的な考え方あるいは根底の理論の1つが「統計」である。買った製品が容易に壊れてはいけないし，当たりや外れがあってもいけない。製品の信頼性とは，「壊れにくさ」や「ばらつきの少なさ」であり，どれだけ均質なものをたくさんつくり出せるかが製造の世界では非常に重要となる。

　「統計」では一つひとつの個々の状況よりも，それらを含む全体の集団（母集団）の様子を評価するものである。また2つ以上の集団のようすも比較できる。それらの集団には，ある性質が収まる法則があり，それを基にして科学の目で集団を見ることができるのである。心理学・社会学・経済学・経営学における集団調査やデータに基づく状況分析など汎用性は広い。ただし「統

計」を扱う分野は，「確率論」「数理統計学」などの数学分野として発達してきた背景と，実際の社会情勢などを分析するためにデータを活用して判断しなければならないユーザーの視点から発達してきた背景との両面性を持ち合わせた学問である。次の問題を考えてみよう。

例題7　1000人が受験した模擬テストA，Bがある。いずれも平均点は60点であった。ある生徒がこれらのテストを受験し，Aで90点，Bで75点であった。しかし，先生が高い評価を与えたのはBの成績であった。それはなぜか。

　よく知られた**平均値**は，資料の特徴を表す指標（**統計量**）の1つでしかない。実際には得点の「**分布**」がどのように**散らばっていた**のかを考えることが大切である。

（2）統計を活用した問題解決

　統計的な考えによって，ある課題に有効な判断を与えられるときがあり，そのプロセスとして「PPDACサイクル」というものがある。これは，問題解決における各段階をProblem（問題），Plan（調査の計画），Data（データ），Analysis（分析），Conclusion（結論）に分割した考え方であり，具体的には以下のようになる。

　　・問題の発見（問題の認識や仮説の予想など）
　　・調査計画（研究計画の作成や新たな知識の獲得の準備など）
　　・資料の収集（データの収集・整理）
　　・分析（統計量の算出や視覚化，問題解決のポイントとなる点の分析など）
　　・結論（仮説との比較，レポートの作成や発表，新たな問題の発見など）

（3）記述統計の基礎

　統計は，大きく記述統計（Descriptive statistics）と推測統計（Inferential statistics）の2つに分類できる。記述統計は，集められたデータの示す傾向や性質を判断するために適当な表・図・グラフをつくり，分布の中心や散らばりなどの統計量を求めて情報を読み取ることがおもな目的となる。とくにビッグデータのような膨大なデータ量を説明・理解しやすい形式にまとめる必

要があり，データ資料を量的に捉えて集団の性質を記述するものである。

（4）度数分布表とヒストグラム

　気温，身長，体重のように連続的に変化する変量を連続変量，交通事故件数，テストの点数のようにとびとびに変化する変量を離散変量という。図表11-5は，ある都市の11月の毎日の最高気温（℃）を記録したものである。

18.3	18.7	19.9	17.4	16.9	13.6	16.4	17.8	17.4	14.7
21.6	21.6	16.4	17.6	14.4	17.3	21.2	15.6	17.4	15.4
16.1	14.2	12.3	17.5	14.8	12.9	10.7	11.5	11.7	16.4

図表11-5　11月の毎日の最高気温

　この最高気温のデータを2℃ごとに区切って，各区間に属する最高気温の日数を数えて表にまとめる。このときそれぞれの区間を**階級**といい，各階級に入る資料の個数をその階級の**度数**という。また階級の中央の値を**階級値**という。そして，このように各階級に度数を対応させた表を**度数分布表**という。この度数分布表を柱状グラフに表したものを**ヒストグラム**（Histogram）という。

例題8　図表11-5のデータから度数分布表（図表11-6）を完成させよ。

　ヒストグラムは度数分布表を視覚化したもので棒グラフに似ている。しかし，横軸は連続変量であり棒の間隔を空けない。また，各階級の度数を全体で割った値（全体に対する割合）を，その階級の**相対度数**といい，それを表の形にまとめたものを**相対度数分布表**という。

最高気温（℃）	階級値	度数
10以上～12未満	11	
12～14	13	
14～16	15	
16～18	17	
18～20	19	
20～22	21	
合計	30	

図表11-6　度数分布表

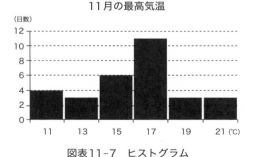

図表11-7　ヒストグラム

(5) 代表値（平均値・中央値）

変量 x の n 個の値 x_1, x_2, x_3, $\cdots$, x_n からなる1組の資料において，変量 x の平均値 $\overline{x}$ を次のように定義する。

$$\overline{x} = \frac{x_1 + x_2 + x_3 + \cdots + x_n}{n}$$

たとえば，図表11-5の最高気温の資料において，1日の最高気温の平均値は，

$$\overline{x} = \frac{1}{30}(18.3 + 18.7 + \cdots + 16.4) = 16.25666\cdots \fallingdotseq 16.3℃$$

となる。

資料のなかにほかの値と著しく異なる値が入っている場合，これを異常値または**外れ値**という。このような場合に資料の平均値が，データの中心を捉える値（**代表値**）を表していないときがある。たとえば，テストを10回受けた結果が，「56　48　59　67　53　64　62　43　69　50」であったとする。平均点は57.1点であるが，もし最後の得点が欠席で0点ならば52.1点となり，平均点が5点も下がる。0点が外れ値となり平均点に大きな影響を与え，本当の実力を表していない。この場合，外れ値を無視して，残りの9回で平均点を求めて評価するのがよいだろう。

しかし非常に多くのデータを扱ったり，外れ値の判断に困ったりしたときに，データ全体の中心を捉える代表値を平均値にすることはできない。図表11-8は，平成25年の国民の貯蓄高（総務省）の資料であり，貯蓄が1000万円に満たない貯蓄高層が国民全体家計の半分以上の割合で存在する。しかし，平均貯蓄高が1739万円というのは高額貯蓄層が平均高を上げているのであり，この貯蓄が国の実態を捉えているとはいえない。

このような場合，データを大きさの順に並べた場合のちょうど真ん中になる**中央値**（Median）を代表値にすれば外れ値の影響を受けにくい。もし，データの個数が偶数の場合には，真ん中2つの値の平均をとって中央値とする。

上場企業の資本金額や犬や猫の平均寿命などのデータを集めると，代表値を平均値よりも中央値にする方が好ましいことがわかる。

貯蓄現在高階級別世帯分布（二人以上の世帯）—2013年—

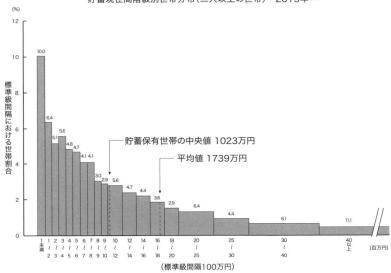

図表11-8　家計調査報告（貯蓄・負債編）
2013年（平成25年）平均結果速報（総務省，2014年）

（6）四分位数と箱ひげ図　——　分布の広がりのようすも捉える

　データが代表値の周辺に偏っていることを考えれば，代表値からどのあたりまでに広がり，まとまっているのかを把握する数値として**四分位数**がある。データを大きさ順に並べたときに，小さいほうから全体の $\frac{1}{4}$ が含まれる値を第1四分位数（以後 $Q1$），中央値を第2四分位数，$\frac{3}{4}$ が含まれる値を第3四分位数（以後 $Q3$）という。また，それぞれ25%点，50%点，75%点ともいい，決定方法はいろいろある。

例題9　次のデータの四分位数を求めよ。15，34，38，42，43，48，
　　　50，51，51，53，56，59，64，65，67，68，71，72，
　　　72，79，99

　四分位数を用いて分布のようすをつかめるように視覚化したものに**箱ひげ図**がある。箱ひげ図は5数要約と呼ばれる最大値，最小値，中央値，$Q1$，$Q3$の5つの値，つまりは0，約0.25，0.5，約0.75，1の割合の数で資料のようすを表現したものである。例題9のデータを箱ひげ図に描くと，図表11-9の

とおりである。箱ひげ図もいろいろな描き方があり，縦と横に描く場合もある。

また箱ひげ図はヒストグラムに比べて，2つ以上の資料群の分布のようすを視覚的に比較するのに適している。図表11-10のように数直線による**ドットプロット図**を描いてから，階級幅を変化させてヒストグラムや箱ひげ図によって分布のようすの違いを比較することができる。また**幹葉図**（図表11-11）は，数直線がなくても，データの分布のようすを簡易的に捉えることができる。

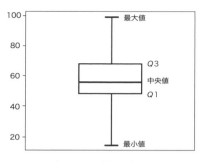

図表11-9　箱ひげ図

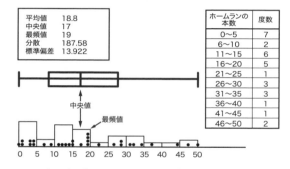

ホームランの本数	度数
0〜5	7
6〜10	2
11〜15	6
16〜20	5
21〜25	1
26〜30	3
31〜35	3
36〜40	1
41〜45	1
46〜50	2

平均値	18.8
中央値	17
最頻値	19
分散	187.58
標準偏差	13.922

図表11-10　ドットプロット図・ヒストグラム・度数分布表・箱ひげ図

度数	十の位	一の位					
1	1	5					
0	2						
2	3	4	8				
3	4	2	3	8			
6	5	0	1	1	3	6	9
4	6	4	5	7	8		
4	7	1	2	2	9		
0	8						
1	9	9					

図表11-11　例題9のデータを幹葉図で表現

154

（7）グラフの読み方と見せ方

　他人に自分の主張をわかりやすく説明するのに，グラフはとても重要である。しかしグラフは直観的理解に陥りやすく，作成者の意図が善意か悪意かも問われる。図表11-12は，同じデータの尺度を変えてグラフで表現したものである。上3つのグラフは，階級幅を変えることによって，あたかも散らばり具合が異なるように見える。下2つのグラフは，A～Dの4人の営業成績にほとんど違いはないが，縦軸の尺度を変えるとあたかもBが非常に劣っているように見える。よく使われるトリックは2つあって，1つは「資料の公平性を考慮せずに自分の都合のよい部分だけを取り出す」であり，もう1つは「グラフの変化の部分だけを拡大して見せる」方法である。注意深く日常に氾濫しているグラフを見ると，トリックを見つけることができるかもしれない。グラフを見せる場合は，資料の特徴を損なわない形で示すことが大切である。

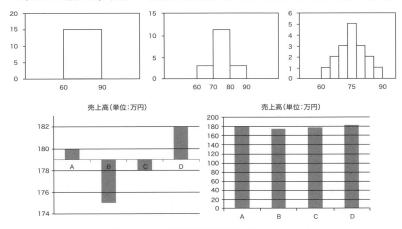

図表11-12　直感的理解に陥りやすいグラフ

（8）データの散らばりを捉える値　——分散と標準偏差

　データの代表値を求めて特徴を表す以外に，分布の広がり具合を表す統計量として散らばりを考える。たとえば，10人に食後のドリンクはコーヒーか紅茶のどちらが好ましいかを5ポイントの得点を付けて聞いてみた（156ページ図表11-13）。どちらも平均点が4.1で判断できない。そこでヒストグラム（156ページ図表11-14）を描いて比較をすると，コーヒーは平均点の階級にデータが

なく，好き嫌いも激しいということがわかり，紅茶が無難なようである。ここでは，分布の広がり具合として散らばりが判断材料になっている。これを測る統計量に，最大値と最小値の差を求めた**範囲**（Range）があり，散らばりの1つの指標といえる。また違った指標として平均値をデータの中心として，データ1つあたり中心からどれだけ離れているかとして，**分散**（Variance）や**標準偏差**（Standard deviation）がある。これは離れ具合がマイナスとならないように，2乗し

	コーヒー	紅茶
A	5	3
B	3	5
C	5	4
D	5	3
E	5	4
F	2	4
G	3	5
H	5	4
I	5	4
J	3	5
平均点	4.1	4.1

図表11-13　嗜好品調査

たものの平均を考える。標準偏差は σ や s という記号をよく用い，分散 σ^2 は，n 個の資料の平均値を $\overline{x}$ としたとき，

$$\sigma^2 = \frac{1}{n}\{(x_1-\overline{x})^2+(x_2-\overline{x})^2+(x_3-\overline{x})^2+\cdots(x_n-\overline{x})^2\}$$

によって求めることができる。たとえば，図表11-14の紅茶の嗜好の標準偏差を求めると，

$$\sigma^2 = \frac{1}{10}(1.21\times2+0.81\times3+0.01\times5) = 0.49$$

であるから，この平方根となる標準偏差は，$\sigma = 0.7$ である。

コーヒー

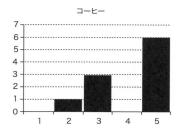

紅茶

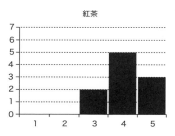

図表11-14　ヒストグラム　―好みの嗜好品―

例題10 図表11-14のコーヒーの標準偏差を求めて，紅茶の値と比較しなさい。

また，分散の別の算出方法として，

$$\sigma^2 = \overline{x^2} - (\overline{x})^2 \qquad （2乗の平均）-（平均の2乗）$$

156

を使えば，標準偏差を求めることができる。

（9）相関図（散布図）

　2つの変量データの相関関係を確かめて，分布状態を調べるときに使うグラフとして，**相関図**（**散布図**）があり，その度合いを測るために算出する統計量として**相関係数**がある。2つのデータを x, y として，n 個の点 (x, y) を座標平面上にプロットする。この図の点の集まり具合を見ることによって，x, y の間に相関性があるのかを判断することができる。点が散らばり過ぎると相関がなく，逆に点が何かの傾向を示すようなときには関係があると考えられる。数学的には，$(\overline{x}, \overline{y})$ を中心にして，この座標平面全体を x の縦線と y の横線で4つに分割する。右上と左下の2つの範囲に点が多ければ正の相関が，左上と右下の範囲に点が多ければ負の相関があると考える（図表11-15）。ここで，$(x_k-\overline{x})(y_k-\overline{y})$ の値を考えると，$(\overline{x}, \overline{y})$ の右上と左下が正，左上と右下が負となっていることがわかる。

　そこで，各点 (x_k, y_k) について，$(x_k-\overline{x})(y_k-\overline{y})$ の値を合計して平均したものとして，

$$\sigma_{xy} = \frac{1}{n}\{(x_1-\overline{x})(y_1-\overline{y})+(x_2-\overline{x})(y_2-\overline{y})+(x_3-\overline{x})(y_3-\overline{y})+\cdots +(x_n-\overline{x})(y_n-\overline{y})\}$$

を算出することによって，全体の点の様子からデータが正と負の強弱の相関を判定することができる。この σ_{xy} を x, y の**共分散**（Covariance）という。

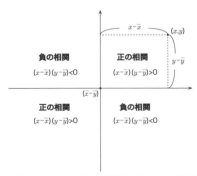

図表11-15　正負の相関を示す点の位置

この共分散は正負の符号には意味を持つ。x, yそれぞれの標準偏差で割ることで単位の影響をなくせば，相関の強さが測れる。その統計量が**相関係数**（Correlation coefficient）$\gamma = \dfrac{\sigma_{xy}}{\sigma_x \sigma_y}$である。

　相関係数は$-1 \leqq \gamma \leqq 1$であり，0に近づくにつれて相関が弱くなる。相関係数は，データに外れ値があると大きく影響を受けるし，相関係数によっていれば2つの変量データの因果関係がわかるわけではないことに注意する。一般的に相関は，データの分布の状況を示すものである。

（10）回帰直線

　散布図と相関係数は，データの相関関係の強さと方向を捉える。その散布図上の点の分布状態が，直線に近いほど相関が強い（図表11-16）。それらの点がどのような直線に近いのかを考えて，その関係の本質を調べる。その直線を**回帰直線**という。回帰直線の上下には全体として均等に点が散らばっている。散らばっているそれぞれの点と直線との距離（図表11-17）の総和が最小となった状態を考える。それぞれの点から直線に引いた垂線の長さの平方の総和が，最小となるような直線は，

$$y - \overline{y} = \frac{\sigma_{xy}}{\sigma_x^2}(x - \overline{x})$$

と表せる。以上のように，実験や実測などを通して得られたデータを統計量やグラフ・図・表のような記述統計を使って，問題解決学習につなげることができるだろう。

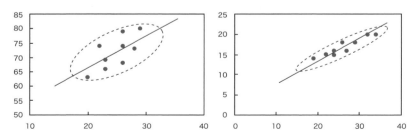

図表11-16　左右の相関図を比較（右図の点の分布が直線に近く正の相関が強い）

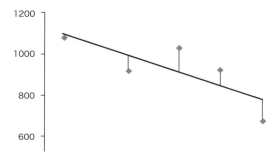

図表11-17　各点から鉛直方向に回帰直線へ引いた線分の長さ（距離）

4　推測統計　──標本調査・推定・検定

（1）正規分布

　ある大学の20歳の女子の身長のデータをヒストグラムで表すと，山型の分布を示すであろう。さらに階級を細かく刻んで近似すれば，その形状は左右対称の釣り鐘型になる。自然界のあるものを測定するともっとも多く得られるこのような分布の形状は，全国テストの結果の分布などでも表れる。このような分布を**正規分布**（Normal distribution）という。正規分布は確率分布と呼ばれるものの代表的な一つである。**確率分布**とは，事象を変数として起こる確率を関数で表したものである。たとえば，1個のさいころを投げて，出る目の数とその確率をグラフにすれば，すべて $\frac{1}{6}$ を値にもつ6個の離散点の確率分布である。正規分布のルーツは，ドイツの大数学者ガウス（Gauss）が論じ，ガウス分布とも呼ばれる。ある資料の分布が正規分布の形状に理想的に近い場合には，その分布のある部分の全体の割合を求めることができる。

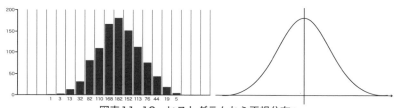

図表11-18　ヒストグラムから正規分布へ

つまり分布の標準偏差 σ，釣り鐘の頂点が平均値 m とすると，定義域 $m-\sigma \leqq x \leqq m+\sigma$ の範囲には全体の68%，$m-2\sigma \leqq x \leqq m+2\sigma$ の範囲には95%のデータ数が含まれている（図表11-19）。一般的な正規分布の式は，

$$f(x) = \frac{1}{\sqrt{2\pi\sigma^2}} \exp\left(- \frac{(x-m)^2}{2\sigma^2}\right)$$

である。平均値 m で標準偏差 σ の正規分布を $N(m, \sigma^2)$ と書き，とくに平均値 0，標準偏差1の $N(0, 1)$ の場合，標準正規分布という。

標準正規分布表（図表11-20）に書かれている数値は，標準正規分布 $N(0, 1)$ の定義域における確率の値である。つまり，0からある値 x までの範囲に含まれる確率 $P(0 \leqq x)$ を表している。たとえば $P(0 \leqq 1.29) = 0.4015$ と読み取ることができる。

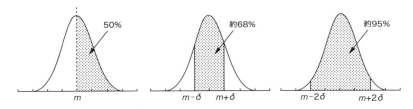

図表11-19　正規分布の各区間の存在割合

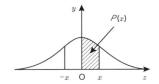

x	0	0.01	0.02	0.03	0.04	0.05	0.06	0.07	0.08	0.09
0.0	.0000	.0040	.0080	.0120	.0160	.0199	.0239	.0279	.0319	.0359
0.1	.0398	.0438	.0478	.0517	.0557	.0596	.0636	.0675	.0714	.0753
0.2	.0793	.0832	.0871	.0910	.0948	.0987	.1026	.1064	.1103	.1141
0.3	.1179	.1217	.1255	.1293	.1331	.1368	.1406	.1443	.1480	.1517
0.4	.1554	.1591	.1628	.1664		.1736	.1772	.1808	.1844	.1879
0.5	.1915	.1950	.1985	.2019		.2088	.2123	.2157	.2190	.2224
0.6	.2257	.2291	.2324	.2357	.2389	.2422	.2454	.2486	.2517	.2549
0.7	.2580	.2611	.2642	.2673	.2704	.2734	.2764	.2794	.2823	.2852
0.8	.2881	.2910	.2939	.2967	.2995	.3023	.3051	.3078	.3106	.3133
0.9	.3159	.3186	.3212	.3238	.3264	.3289	.3315	.3340	.3365	.3389
1.0	.3413	.3438	.3461	.3485	.3508	.3531	.3554	.3577	.3599	.3621
1.1	.3643	.3665	.3686	.3708	.3729	.3749	.3770	.3790	.3810	.3830
1.2	.3849	.3869	.3888	.3907	.3925	.3944	.3962	.3980	.3997	.4015

図表11-20　標準正規分布表

例題11　変量xの分布が標準正規分布$N(0, 1)$であるとき，次の確率を求めよ。

　　　(a)$P(0.04 \leqq x \leqq 1.16)$　　　(b)$P(1 \leqq x)$　　　(c)$P(x \leqq 0.38)$

　また，一般の正規分布$N(m, \sigma^2)$においては，$N(0, 1)$へ変量の変換を行うことによって，標準正規分布表より確率を求めることができる。$N(m, \sigma^2)$に従う確率変数に対して，

$$Z = \frac{X - m}{\sigma}$$

という変量の変換を施すとZは$N(0, 1)$に従う。たとえば$N(50, 15^2)$に従うXに対してその確率$P(45 \leqq X \leqq 80)$は，$P(-1 \leqq Z \leqq 2)$と一致する。このような変量の変換を標準化と呼ぶ。

例題12　ある大学の男子学生1000人の身長は，平均170cm，標準偏差5cmの正規分布に従うものとする。身長が165cmから175cmまでの学生の人数は何人か。

（2）偏差値

　業者主催の模擬試験で聞き慣れた**偏差値**も正規分布を活用している。異なるテストで同じ得点を獲得しても，テストの難易度や受験者集団のレベル（平均点や散らばり）によって得点の価値は異なる。なぜならば標準偏差が小さい（散らばりが小さい）テスト結果の場合，平均点のまわりに多くの得点が密集して，平均点から離れた高得点はなかなか獲りにくい。標準偏差が大きければその逆である。このようにテストの難易度などによって，得点の評価が難しいために，得点の標準化（偏差値）をしなければならない。

　この偏差値Zは，次のような変量xを用いた式で表される。ただし，$\bar{x}$は平均値である。

$$Z = \frac{(x - \bar{x})}{\sigma} \times 10 + 50$$

　つまり「平均点が45，標準偏差が3」と「平均点が70，標準偏差が80」のテストにおいて同じ54点を獲得しても，それぞれの偏差値を求めて比較すれば，80点と48点に評価される。

(3) 二項分布

ある試行において事象 A の起こる確率が p，起こらない確率が $1-p$ である
とする。このような試行をベルヌーイ試行といい，これを n 回繰り返すこと
によって，事象 A が k 回起こる確率 $P(X=k)$ は，二項定理を使えば，

$$P(X=k) = {}_nC_k\, p^k\, (1-p)^{n-k}$$

と表される。このとき X がなす確率分布は，**二項分布**（Binomial distribution）
をなし，$B(n, p)$ と表す。

サイコロを 1 個投げて，100 円に出た目の数をかけた金額を X とするとき，
この確率分布は図表11-21のとおりになる。

X	100	200	300	400	500	600	計
確率 P	$\frac{1}{6}$	$\frac{1}{6}$	$\frac{1}{6}$	$\frac{1}{6}$	$\frac{1}{6}$	$\frac{1}{6}$	1

図表11-21　さいころの目×100円の確率分布

このときこの確率変数 X の平均値は，

$$100 \times \frac{1}{6} + 200 \times \frac{1}{6} + 300 \times \frac{1}{6} + 400 \times \frac{1}{6} + 500 \times \frac{1}{6} + 600 \times \frac{1}{6} = 350$$

となる。一般にはこれを $E(X)$ と書く。またこの値は X の期待値とも呼ばれる。
また同様に X の分散 $V(X)$ も偏差平方の平均より，次のように計算される。

$$V(X) = \frac{1}{6}\ (62500 + 22500 + 2500 + 22500 + 62500) = 29167$$

さらに，$V(X) = E(X^2) - E(X)^2$ を用いても求めることができる。なお，標
準偏差は $\sigma(X) = \sqrt{V(X)}$ である。

また，二項分布の平均値と分散は，それぞれ $E(X) = np$，$V(X) = np(1-p)$
となる。二項分布は確率変数 X が整数値をとる分布であり，離散分布である
が，試行を増やすことによって，連続な分布として近似が可能となる。そし
てそれは正規分布へと近づくのである。たとえば，さいころを30回投げて1
の目の出る回数を X とする。このとき二項分布 $B\left(30, \dfrac{1}{6}\right)$ のグラフに対し
て，同様に $N\left(5, \dfrac{25}{6}\right)$ のグラフはほぼ同じ形の分布となる（図表11-22）。

一般に二項分布の n が十分に大きいときに，正規分布で近似されるのである。

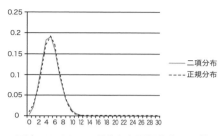

図表11-22　二項分布と正規分布の比較

例題13　さいころを 180 回投げるとき，1の目の出る回数が20 回以上
40 回以下である確率を求めよ。

二項分布 $B\left(180, \dfrac{1}{6}\right)$ だから，平均値は $np = 180 \times \dfrac{1}{6} = 30$ で，
標準偏差は

$$\sqrt{np(1-p)} = \sqrt{180 \times \frac{1}{6} \times \frac{5}{6}} = 5$$

これを正規分布 $N(30, 25)$ と考えて $P(20 \leqq X \leqq 40)$ を $N(0, 1)$ 上の確率に変量変換すればよい。

（4）母集団と標本平均

　統計的な調査（アンケートも同様）には国勢調査のように，対象とする集団の要素すべて（全員）を調べる**全数調査**と，工場の製品の抜き取り検査のように，集団の要素から一部分だけを抜き出して調べ，全体のようすを推測する**標本調査**がある。データや資料を取り扱う対象となる集合を**母集団**といい，母集団から抜き出す要素の集合を**標本**という。母集団から標本を抜き出すとき，意図的に偏らないよう無作為に抽出した標本を**無作為標本**という。無作為に抽出する方法としては，多段抽出や層化抽出などの方法がある。

　推測統計は，このような標本から母集団のようすを確率分布に従って推し量る。母集団全体の平均・標準偏差（ばらつき）は，それぞれ**母平均・母標準偏差**という。

　母集団から n 個の無作為に抽出した標本 $X_1, X_2, \cdots, X_n$ をとるとき，これの

平均値を**標本平均**といい，標準偏差（ばらつき）を標本標準偏差という。これらは確率変数であり，母平均 m，母標準偏差 σ の母集団から無作為に n 個抽出した標本平均の期待値と標準偏差については，

$$E(\overline{X}) = m$$

$$\sigma(\overline{X}) = \frac{\sigma}{\sqrt{n}}$$

となる。そしてこの分布は，n が大きければ，平均 m，標準偏差 $\dfrac{\sigma}{\sqrt{n}}$ の正規分布 $N\left(m, \dfrac{\sigma^2}{n}\right)$ に，近似的に従うのである。

(5) 母集団と標本比率

母集団の要素それぞれが，ある特性をどんな割合（母比率）で存在するかを調べるとき，標本中のその特性をもった要素の割合を**標本比率**という。このとき，標本比率の分布について，次のことが成り立つ。

母比率 p の母集団から n 個の無作為標本を抽出するとき，その標本比率 R の期待値と標準偏差は，

$$E(R) = p, \quad \sigma(R) = \sqrt{\frac{p(1-p)}{n}}$$

であり，n が大きいとき標本比率 R は平均 p，標準偏差 $\sqrt{\dfrac{p(1-p)}{n}}$ の正規分布 $N\left(p, \dfrac{p(1-p)}{n}\right)$ に，近似的に従うのである。

(6) 推定 ——母平均や母比率に対する信頼区間

標本平均を用いて，母平均を**推定**することを考える。標本が無作為に抽出されたならば，標本平均を母平均の代わりとしてもよい。一般に，平均 m，標準偏差 σ を持つ母集団から抽出された大きさ n の無作為標本の標本平均 $\overline{X}$ を確率変数とすると，正規分布 $N\left(m, \dfrac{\sigma^2}{n}\right)$ に従う。

$$Z = \frac{\overline{X} - m}{\frac{\sigma}{\sqrt{n}}}$$

を用いれば，確率変数 Z は標準正規分布 $N(0, 1)$ に従うから，次のようなことがわかる。

正規分布表により，$P(|Z| \leqq 1.96) \fallingdotseq 0.95$ であるから，

$$P(m - 1.96\,\frac{\sigma}{\sqrt{n}} \leqq X \leqq m + 1.96\,\frac{\sigma}{\sqrt{n}}) \fallingdotseq 0.95$$

$$\therefore \quad P(\overline{X} - 1.96\,\frac{\sigma}{\sqrt{n}} \leqq m \leqq \overline{X} + 1.96\,\frac{\sigma}{\sqrt{n}}) \fallingdotseq 0.95$$

このことから，区間

$$\left[\ \overline{X} - 1.96\,\frac{\sigma}{\sqrt{n}}\ ,\ \overline{X} + 1.96\,\frac{\sigma}{\sqrt{n}}\ \right]$$

を母平均 m に対する信頼度95% の **信頼区間**という。また母標準偏差 σ の代わりとして標本標準偏差を用いることがあるが，このときは標本のデータ数より 1 だけ少ない数（**自由度**）で割った分散（**不偏分散**）から求めた標準偏差を用いればよい。

　母比率に関しても同様に考えて，母比率 p に対する信頼度95%の信頼区間は，標本比率 R によって，

$$\left[\ R - 1.96\sqrt{\frac{R(1-R)}{n}}\ ,\ R + 1.96\sqrt{\frac{p(1-p)}{n}}\ \right]$$

となる。

例題14　ある地域の有権者 5000 人を無作為に抽出して内閣支持者を調べたところ2350人であった。この地域の内閣支持率を信頼度 95 ％で推定せよ。ただし，答えは有効数字3桁で求めよ。

　ここでは標本比率を2350/5000 ＝ 0.47 とし，内閣支持率を約47% として考える。信頼度95%の区間推定をすれば，

$$\left[\ 0.47 - 1.96\sqrt{\frac{0.47 \times 0.53}{5000}}\ ,\ 0.47 + 1.96\sqrt{\frac{0.47 \times 0.53}{5000}}\ \right]$$

より，45.6% ～ 48.4% と推定できる。

（7）仮説検定の考え

　ある仮説が正しいかどうかを統計的に判断するための手続きとして**仮説検定**がある。ある仮説が正しいと仮定し，それに従う母集団からの標本が抽出される確率によって仮説の成立・不成立の判断を行う。事前に有意水準や危険率という基準となる確率を決めておき，標本の抽出された確率がその水準

よりも小さな確率であるならば、「その仮説は成り立ちそうもない（棄却する）」と判断できる。検定とは「ある統計量間に『差がない』『違いがない』『適合する』」というような前提（**帰無仮説**という）で考えたときに、「『差がある』という滅多に起こらないこと」が発生すれば「仮説は成り立たず」、そうでないなら「仮説が成り立たないとは言い難い」という判断を下すものである。したがって、標本調査による母集団についての仮説を検定する具体的な手順は、次の通りとなる。

標本平均$\overline{X}$からの母平均mの検定を考えよう。まず帰無仮説H_0を「標本平均と母平均の差がない」とする。この標本の平均値について、$N(0, 1)$にしたがうとすれば、

$$Z = \frac{\overline{X} - m}{\frac{\sigma}{\sqrt{n}}}$$

を求める。有意水準0.05（5%）となる数値が1.96であるから、求めたZの値が1.96より大きければ「滅多に起こらないことが起こった」としてH_0は棄却される。これは「標本平均は母平均と異なる」ことを意味する。逆にこの値が1.96よりも小さい場合はH_0は棄却されないが、「標本平均は母平均に等しい」とは言い切れないという意味である。解釈は「異なるとは言い切れないが、異ならないと判断するだけの根拠もない」ということである。

このような統計的検定の代表的なものとしては、正規分布を仮定して（パラメトリック検定）の標本平均からの「母平均の検定」や標本比率からの母比率の検定や、2つの群の平均の差を検定するt分布に基づく「t検定」と呼ばれるものがある。

(8) 適合度の検定 ―― χ^2検定（カイ2乗検定）

「ある事柄に対して観測したデータの分布が、理論で考えられる分布と適合しているか」を考えるときに、観測度数には誤差が含まれるため理論度数とは完全に一致しない。ここで理論値と適合しているかの判断をχ^2検定で行う。そこで、次のような例を考えよう。1つのさいころを120回投げたら、図表11-23のとおりの出た目の回数となった。帰無仮説「このさいころは歪んでいない」を有意水準5%で検定して、どう判断してよいかを考える。理論

値は，歪んでいなければ各目は20回ずつ出る。図表11-23の右端の列は，理論値と実測値とのズレ$\frac{(実測値-理論値)^2}{理論値}$を計算し，その合計12.5を χ^2値という。またさいころの目は6通りであり，このとき自由度（独立に動くことのできる確率変数の数）は，確率変数6個$-1=5$である。自由度5の5%点は，χ^2分布表から11.07である。$11.07 < 12.5$となるから，「滅多に起こらないことが起こった」としてこのさいころは「歪んでいる」と判断できるのである。

次に図表11-24のような種類の事柄A，Bによって4つに分類される**2×2分割表**（一般的には$m \times n$分割表）の場合は，AとBが独立であるかを検定し，適合度の検定と同様に考える。この場合，自由度は，$(n-1)(m-1)$とする。

さいころの目	目の度数(O)	理論値(E)	$(O-E)^2/E$
1	30	20	$(30-20)^2/20$
2	25	20	$(25-20)^2/20$
3	20	20	$(20-20)^2/20$
4	10	20	$(10-20)^2/20$
5	15	20	$(15-20)^2/20$
6	20	20	$(20-20)^2/20$
合計	120	120	12.5

図表11-23　さいころの目の適合度計算

B＼A	A_1	A_2	合計
B_1	a	b	$a+b$
B_2	c	d	$c+d$
合計	$a+c$	$b+d$	N

図表11-24　2×2分割表

（9）より簡単な独立性の検定方法

図表11-24のような2×2分割表によるAとBの独立性の検定を考える場合，より簡単な方法がある。標本数がNのA，Bの独立性の検定統計量Tは，自由度が1のχ^2分布に従い，

$$T = \frac{N(ad-bc)^2}{(a+b)(c+d)(a+c)(b+d)}$$

と与えられる。

例題15 ある小学校5年生70名に対して，A：11月〜3月に風邪などによる欠席者数とB：うがい・手洗いの習慣のある児童人数に関する調査（図表11-25）を行った。手洗いやうがいをすると風邪の予防に効果があるのだろうか。

有意水準5％でAとBの独立性を検定する場合，仮説は「うがい・手洗いの励行と風邪を予防することは独立である」となる。この検定統計量Tは，

$$T = \frac{70 \times (41 \times 8 - 4 \times 17)^2}{45 \times 25 \times 58 \times 12} \fallingdotseq 6.04 \quad \text{であり,}$$

有意水準0.05,自由度1のχ^2分布表から3.841と読み取って,3.841＜6.04となるから,仮説は棄却される。したがって,うがい・手洗いの励行と風邪を予防することは関係があるのではと考えられる。

B ＼ A	風邪で欠席をしたことがない	風邪で欠席した	合計
うがいと手洗いを忘れたことがない	41	4	45
うがいと手洗いを忘れたことがある	17	8	25
合計	58	12	70

図表11-25　手洗いとうがいの励行と風邪罹患との関係

確認問題

1　ある教科のクラスの平均点がm,標準偏差がσのとき,図表11-26を見て,成績x点に1～5までの評点をつけよう。成績が正規分布に従うものとする。

成績	評点
$x < m - 1.5\sigma$	1
$m - 1.5\sigma \leqq x < m - 0.5\sigma$	2
$m - 0.5\sigma \leqq x \leqq m + 0.5\sigma$	3
$m + 0.5\sigma < x \leqq m + 1.5\sigma$	4
$m + 1.5\sigma < x$	5

図表11-26　成績の評点

①35人の学級で,評点1,2,3,4,5の生徒の数は,それぞれ何人ずつくらいになるか。

②平均点が58点,標準偏差が14のとき,成績76点の生徒の評点はいくらか。

2　A「裸眼視力」とB「ゲームやテレビなどを見続けている時間」についてデータ調査を行い,ゲームやテレビを見続けることが視力低下へと結びついているのかどうかの分析をしよう。

3　高学年の児童100人に対する防犯学習の効果を確かめたい。そこで「長い時間遊んで暗くなっても友達は帰ろうとしないとき」の回答を「友達全員が帰るまで帰らない」「身近な友達がいなければ一人で帰る」「一人で帰る」と選択させることにした。回答人数は学習前の調査ではそれぞれ50，35，15，学習後の調査では26，50，24であった。この学習は有効であったか。

引用・参考文献・より深く学習するための参考文献
・石田基広『とある弁当屋の統計技師（データサイエンティスト）――データ分析のはじめかた』共立出版，2013年
・岡本和夫監修『高等学校数学科用 文部科学省検定済教科書 新版 数学A』実教出版，2011年
・熊原啓作・渡辺美智子『改訂版 身近な統計（放送大学教材）』放送大学教育振興会，2012年
・小波秀雄『統計学入門』ダウンロード版，http://ruby.kyoto-wu.ac.jp/~konami/Text/Statistics.pdf，2014年
・高橋信『マンガでわかる統計学』オーム社，2004年
・高橋陽一郎編『高等学校数学科用 文部科学省検定済教科書 数学B』新興出版社啓林館，2012年
・東京大学教養学部統計学教室編『統計学入門』東京大学出版会，1991年
・日本統計学会編『日本統計学会公式認定 統計検定3級対応 データの分析』東京図書，2012年
・日本統計学会編『日本統計学会公式認定 統計検定2級対応 統計学基礎』東京図書，2012年
・福井正康『基礎からの統計学』ダウンロード版，http://www.heisei-u.ac.jp/ba/fukui/text.html，2002年
・俣野博・河野俊丈編『高等学校数学科用 文部科学省検定済教科書 数学I』東京書籍，2011年
・山本幸一『順列・組合せと確率』岩波書店，1983年

［謝辞］本章は，立命館宇治高等学校の稲葉芳成先生から多大な支援を得た。

第**12**章

問題解決と数学的モデリング

現実場面の課題を分析して，数式等に表し，それを数学的に解くことで，課題を解決する例を紹介した。台形の求積公式を応用した不定形の求積方法，曲線を円弧で近似して，長さを求めたり，曲がり具合を表現したりする方法，平面と平面が交わって作る二面角について学習する。

キーワード

問題解決　数学的モデリング　不定形の求積　曲がり具合　二面角

1　問題解決と数学的モデリング

学校で教えられている算数・数学と現実社会での課題とが乖離しているという問題を解決する方法として，問題解決や数学的モデリングが注目されている。

現実事象の解決を中心課題とした数学教育は，戦後10年ほどの間に日本で行われた単元学習に通じるところがある。単元学習では，生活が主で数理は従であり，生活のなかで起こる事象を課題として，それを解決する過程で数学を学ぶカリキュラムであった。しかし，教えられる数学が細切れとなり，本来体系的に学んでこそ力が付く数学であるのに，それができないため学力低下を起こし，根本から見直されカリキュラム改訂されたという経緯がある。

この歴史的轍を踏まないために，数学を体系的に学びつつ，日常事象との関わりを持った指導方法として問題解決や数学的モデリングを捉える必要がある。

数学的モデリングの過程は，図表12-1のようになる。まず，現実の世界で起きている問題を整理して，数式や図形，表，グラフによる数学モデルを作る。次に，それを数学的に解いて結果を出す。最後に，現実で起きた問題にその結果を当てはめて，問題が解決で

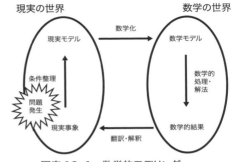

図表12-1　数学的モデリング

きたかを確認する。まだ問題が解決できていないなら，もう一度，現実の問題を整理し直して，これらの過程を繰り返す。

　この過程で授業を計画すると現実世界と算数・数学の世界を結びつけ，数学の実用性を学ぶことができる。しかし，実際にこの過程を実施すると，時間がかかる。そこで，学期に1回か年2回程度テーマを決めて実施するとよい。

2　不定形の求積

　小学校では，長方形，正方形，平行四辺形，三角形，台形，ひし形，円などの定型の求積方法が学習される。木の葉とか，形が定まっていない形を不定型という。図表12-2のように，不定形の求積では，その形の概形をこれらの定型と見立てて，面積を概測する。

　不定形の求積にはいろいろな方法が考えられるが，ここでは，苦労して学んだ，台形の求積公式を利用する方法について紹介する。不定形を台形の積み重ねとして数学化する。

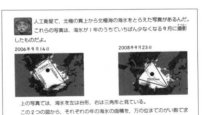

図表12-2　一松信ら（2011），p.111 より

http://www.eorc.jaxa.jp/imgdata/topics/2007/img/tp070823_03j.jpg

http://www.eorc.jaxa.jp/imgdata/topics/2008/img/tp080924_01.png

図表12-3は，新聞に掲載された，死海が死にかけているという記事に添えられていた図である。1931年から見ると，近年はかなり湖の面積が小さくなっていることがわかる。さて，では，どのくらい小さくなっているのか，面積を求めてみよう。台形の求積公式や割合・縮図が既習である６年生を対象に，総合的な学習の時間も使って，環境教育の一環として取り組んだらよいであろう。

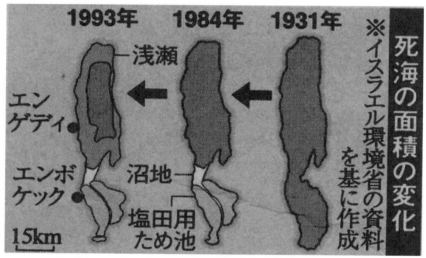

図表12-3　死海の記事（読売新聞（2006.5.25より））

台形近似による不定形の求積手順

① 不定形を方眼紙に写し取る。不定形の上に方眼紙を置き，それを窓ガラスにあてがうと，写し取りやすい。

② 方眼を利用して平行線で不定形を分割する。つまり，不定形を台形の積

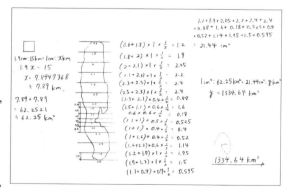

図表12-4　計測結果

172

み重ねで近似する。なお，この際に平行線の幅を狭くすると近似がよいが，計算が面倒となるため，1cm前後の幅で分割するとよい。

③ 不定形で切り取られる線分を割線といい，割線の長さを物差しで測る。また，平行線の幅も測る。

図表12-5　Excelの利用場面

④ 割線で囲まれたそれぞれの形を台形と見立てて，台形の求積公式を使って，1つずつの台形の面積を電卓を使って計算する。なお，割線と平行線の幅の数値をExcelに入力して，計算してもよい。

⑤ それぞれの台形の面積を合計することで，台形で近似した不定形の面積を求められる。

⑥ この方法ではcm^2で求められているので，地図などでは，縮尺を考慮してkm^2等へ単位換算する。図表12-3では，15kmと書かれた長さがたとえば2cmだったとすると，2^2cm^2が15^2km^2となることを使って単位換算をすればよい。

　不定形を台形の積み重ねで近似するこの方法は，高等学校の内容である積分の**区分求積**につながる考え方である。台形の求積公式の指導は，単に公式を覚えて，求積ができるようにさせるだけでなく，次のように多くの教育的意義を持っている。

　① 既習事項を駆使した問題解決の体験をする。

　② いろいろな方法を考え出すなかで創造性が育成される。

　③ 台形の求積公式自体を学習する。

　④ 台形の求積公式が，長方形，平行四辺形，三角形の求積公式を統一できる公式であることを知る。台形で上底が0cmであれば，それは三角形の求積公式となる。

　⑤ 台形の積み重ねの近似で不定形の求積ができる。

⑥ 公式は単なる記憶の対象ではなく，使ってみたくなる実用的対象であることを体得する。公式を使って何回も計算するので，指先が公式を覚えてしまう。

⑦ 区分求積の基礎的考え方を学ぶ。

⑧ オゾンホールや北極の氷の面積変化を調べることで，数学が環境教育に使えることを学ぶ。

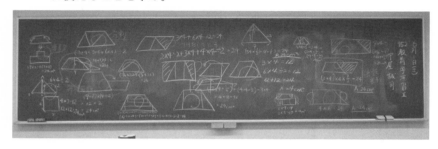

図表12-6　大学生が考えたいろいろな求積方法

3　刺繍画の制作

（1）曲線の曲がり具合と長さ

曲線の曲がり具合を数学化（数量化）する方法として曲率がある。曲率kとは，図表12-7のように定義され，$f(x)$の点P(s)における曲がり具合を示している。

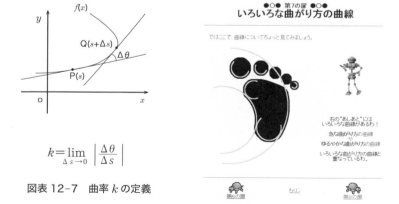

$$k = \lim_{\Delta s \to 0} \left| \frac{\Delta \theta}{\Delta s} \right|$$

図表12-7　曲率kの定義

図表12-8　曲線の曲がり方の導入

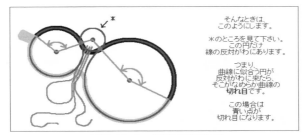

図表12-9　曲線の円弧近似

（EMI作　http://www01.dewa.or.jp/~emisky/sisyuu/ より）

　小学校では，曲線の曲がり具合を，図表12-8，図表12-9のように曲線部分にほぼ一致する円弧の大きさで表現する。半径が小さい円が一致する曲線のカーブの曲がり具合は大きく，急に曲がっている。逆に，半径が大きい円が一致する曲線のカーブは曲がり具合が小さく，ゆっくり曲がっている。

　高学年で曲線の長さを測定する授業を紹介する。「円は対称図形である。対称の軸の上に円の中心が存在する。円の2つの対称軸の交点が円の中心である」ことを指導する。このことから，2つの弦の垂直二等分線を作図して中心を求め，半径と中心角を計測して，弧の長さを求めることができる。図表12-10は，九十九里浜の長さを測る活動での作図である。半径と中心角の大きさから，この地図上での弧の長さ l は，

　　$3.14 \times 2 \times 6.9 \div 360 \times 89 = 10.7 \text{(cm)}$

となる。この後は，縮尺を考慮すると九十九里浜の実際の長さが求められる。

　この活動の後に刺繍画を制作する。ここで言う刺繍画とは，ふつうに水彩等

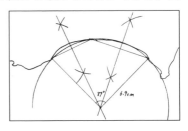

**図表12-10　九十九里浜を
円弧で近似する**

で描いた絵をもとにして，その絵柄の輪郭に太い色紐や毛糸等を貼り，絵柄を強調させた絵である。毛糸を貼る前に，曲線の長さを求めておき，その長さに合わせて毛糸を切り，それを曲線の上に木工ボンドで貼り付ける。計算が正しければ，毛糸は余ることなく，曲線にぴったりと貼り付けられる。

　刺繍画は，1つの絵を仕上げることで，中心を求める作図と円弧の長さを求める計算が繰り返し行われる。そのことで，作図の習得と応用が同時に進

められる。この長さを求める公式は，記憶の対象ではなくなり，ものを作り出すための道具のように扱われ，手先が覚えてしまうのである。

図表12-11　4年生作成の刺繍画

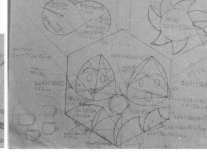

図表12-12　円定規による作図と計算

（2）曲線の指導の意義

　従来の学校教育では，直線と円の指導が中心であり，一般の曲線の指導は行われていない。それが指導されない原因として，曲線の性質を量化するのが困難であることが挙げられる。曲線は直線のように長さを簡単に測れないし，初等教育レベルでは曲がり具合の数値化もむずかしい。曲線が質的な性質の理解である限り，その後の算数・数学で利用できるところが少なく，結局，微積分学を学習するまで，曲線は指導されないことになったと考えられる。

　ところで，幼児は，1歳になると，画用紙上に，クレヨンや鉛筆で前後左右や円状の作画活動を行う。2歳児では，描く対象の部分部分のようすがはっきりしてくる。たとえば，お母さんの顔の目，鼻，口，髪の毛などは，実際に合うように描かれる。3歳児では，顔や体の輪郭を曲線で表現する。5歳児になれば，画用紙いっぱいに奥行きのある絵を描き，人物にも機能的な細かな動きがある。体の曲がり具合や，腕，足の曲がりなども現実に合ってくる。

　絵画表現の発達の裏には，描く対象をどのように客体化していくのかという認識活動の発達がある。この認識活動をさらに高めるために，小学校では，曲線の質的内容の指導を行い，その上でさらに量的内容の指導を行う必要がある。具体的には，「曲率の考え方」を小学校からの指導内容とするのである。

小学校低学年では，曲がり具合の意識化として「こんなふうに曲がっている。尖っている」といった，質的な見方を学習する。中学年では，一般の曲線

図表12-13 尖りのある曲線例

を導入し，その長さを計算させる。そのなかでは，各点で微分可能な滑らかな曲線と，図表12-13のような尖点を持つ曲線を扱う。高学年では，コンパスの作図によって刺繍画制作に挑戦させる。

4 二面角・三面角を生かす立体幾何

展開図を組み立てて車などをつくる活動では，平面と平面とがつくる角が問題となる。小学校の立体図形では直方体が扱われる。直方体では平面は直角に交わっている。しかし，車やハンドバッグなどを制作しようとすると，直角以外の角度が出てくる。本節では，第7章に続き，平面と平面のつくる角を数学化して，説明する。

（1）二面角とその大きさの測定

図表12-14を見てほしい。直線 ℓ で出合う2つの半平面 α（アルファ），β（ベータ）のつくる図形を，半平面 α，β のつくる二面角という。ℓ をこの平面の辺（交線），半平面 α，β をこの二面角の面という。

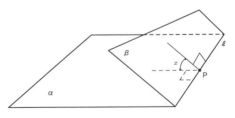

図表12-14 二面角の定義

また α，β のつくる角 x をこの**二面角の大きさ**という。この角の大きさは，交線 ℓ 上の点Pから各平面 α，β へ引いた垂線どうしの角の大きさとする。

二面角の大きさを測る二面角分度器は次ページの図表12-15の手順で作成できる。

測定器を作って二面角を測る

二面角の大きさを測る分度器を作ってみよう。まず次のものを用意する。

【材　料】　工作用紙，のり

【用　具】　定規，分度器，コンパス，はさみ

【作り方】

① 下の図のように，工作用紙を使って直径10cmの円を2つと，同じく直径10cm
の半円を1つ作る。

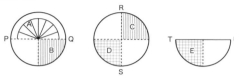

② Aの部分には，分度器で角度を書き込むか，分度器をコ
ピーして貼り付ける。

③ 直径PQ，RSのそれぞれが外側に出るように山折りにす
る。

④ 四分円Bの表面に，四分円Cの表面を合わせて貼る。完
成図は右のようになる。

完成図

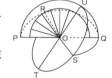

【測定方法】　測定しようとする二面角を，四分円ORPの面と，直径RSに対して
半径OTの側の半円の面との間にはさみ込む。その二面角の大きさ∠POTは，
その対頂角である∠QOUに現れる。それを半径OUが指している分度器の目盛
りで読み取る（図表12-16を参照）。

図表12-15　志田（2000）pp.102-103より

図表12-16

（2）平面角と二面角の関係

図表12-17を見てほしい。頂点Oを共有する3つの平面の角が隣り合って順に角の辺を共有してつくる立体を**三面角**という。点Oのことを**三面角の頂点**，3つの面を**三面角の面**，半直線OA，OB，OCを**三面角の辺**という。また角の大きさa, b, cを**三面角の平面角**，3つの面が隣り合ってつくる二面角α，β，γ（ガンマ）を**三面角の**

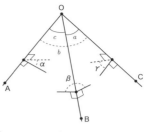

図表12-17

二面角という。三面角の表し方としては，O-ABCと頂点を使ったり，O-abcと平面角を使ったりする。

三面角O-abcの平面角a, b, cより，二面角α，β，γを求める公式は次である。

$$\alpha = \cos^{-1}\left(\frac{\cos a - \cos b \cos c}{\sin b \sin c}\right) \quad \beta = \cos^{-1}\left(\frac{\cos b - \cos c \cos a}{\sin c \sin a}\right)$$

$$\gamma = \cos^{-1}\left(\frac{\cos c - \cos a \cos b}{\sin a \sin b}\right)$$

教師は，この公式をExcelなどに入力しておくことで，二面角分度器を使わずに，展開図の平面角からそれを組み立てたときの二面角の大きさを求められる。なお，計画的に多面体を作成するためには，三面角における二面角と平面角の大きさに関するいくつかの公式が必要となるが，横地清（2000），丹洋一（2005）に詳しいので参照するとよい。

では，先のαを求める公式を証明してみよう。ピタゴラスの定理，sin, cos, tanの三角比と各公式，余弦定理を利用する。

OA＝1, AB＝s, AC＝t, BC＝p, CO＝q, OB＝r, ∠OAB＝∠OAC＝∠Rとする。

△OABにおいて，

$$s = \tan c = \frac{\sin c}{\cos c} \quad \frac{1}{r} = \cos c \quad r = \frac{1}{\cos c}$$

△OACにおいて，

$$t = \tan b = \frac{\sin b}{\cos b} \quad \frac{1}{q} = \cos b \quad q = \frac{1}{\cos b}$$

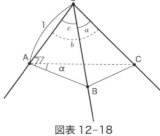

図表12-18

△ABCにおいて余弦定理より，

$$p^2 = s^2 + t^2 - 2st \cos \alpha \cdots \text{①}$$

△OBCにおいて，

$$p^2 = q^2 + r^2 - 2qr \cos a \cdots \text{②}$$

①②より，

$$s^2 + t^2 - 2st \cos \alpha = q^2 + r^2 - 2qr \cos a$$

$$q^2 - t^2 + r^2 - s^2 + 2st \cos \alpha - 2qr \cos a = 0$$

$$1 + 1 + 2 \frac{\sin c}{\cos c} \frac{\sin b}{\cos b} \cos \alpha - 2 \frac{1}{\cos b} \frac{1}{\cos c} \cos a = 0$$

（ピタゴラスの定理より $q^2 - t^2 = 1$, $r^2 - s^2 = 1$）

$$\cos b \cdot \cos c + \sin b \sin c \cos \alpha - \cos a = 0 \cdots \text{③}$$

$$\sin b \sin c \cos \alpha = \cos a - \cos b \cdot \cos c$$

$$\cos \alpha = \frac{\cos a - \cos b \cos c}{\sin b \sin c}$$

$$\alpha = \cos^{-1} \left(\frac{\cos a - \cos b \cos c}{\sin b \sin c} \right)$$

これで三面角の3つの平面角がわかれば二面角を求めることができる。

「$\cos^{-1}(\ )$」は，アークコサインと読み，$\cos$の逆関数である。

$\cos \theta = \dfrac{1}{2}$ ならば，$\theta = 60°$ とすぐにわかる。これを，

$$\cos^{-1} \left(\frac{1}{2} \right) = 60°$$

と記述する。では，$\cos \theta = 0.862$ であったら θ は何度であろうか。これは，簡単には求められない。実際に $\cos^{-1}(0.862)$ の値を求めるには，関数電卓（Windows11等やスマホに附属の電卓アプリで，表示を関数電卓に切り替えるとよい）やExcelのACOS関数を利用する。

（3）車の制作

高学年になると側面が底面に対して垂直でない車の展開図に挑戦できる。手順は次のようになる。

　①ジャガイモから適当な形の車を切り出す。

　　ジャガイモのほかに畳の心材に使われているスタイロと呼ばれている

素材が，カッターで切りやすくて丈夫である。新品より，廃棄処分される畳に使われていた古いスタイロのほうが，柔らかく加工しやすい。これは，畳屋で手に入れられる。

②切り出された立体の各面の形を，芋版スタンプの要領でケント紙に写し取る。

③写し取られた各面の形を適当な大きさに拡大して，展開図にする。

図の中に一点O（相似の中心）を決めて，点Oから各頂点を通るように半直線を引く。点Oから，頂点までの距離をk倍して，拡大した位置の頂点とする。この作業を頂点ごとに行い，相似比がkの拡大図を作図する。このとき，組み立てたときに対応する辺を確認して，その長さをそろえる必要がある。さらに，幅が1cm程度の糊代を付ける。

④彩色した後，それを組み立てる。

ケント紙は厚いので，はさみの刃で折り目に傷を付けてから折ると，きれいにケント紙を折ることができる。ジャガイモで型を作る制作方法では，多少のゆがみがでるが，それは仕方がない。車の天井部分を大きめに切っておき，それで調整するとよい。正確に作るには，さらに数学を駆使する必要があり，それは，横地（2000）と丹（2005）に詳しいので，参考にするとよい。

 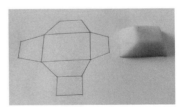

図表 12-19　ジャガイモから切り出し，ケント紙に写し取る

図表 12-20　展開図を拡大する　　　　図表 12-21　彩色をして組み立てる

1 　自分の足の裏を型取り，その面積を台形近似で求めよう。実際に6年生へ指導することを想定して，指導計画を立てよう。その際に，自分で作業した経験を生かして，教師として指導のうえで注意しておくこともまとめよう。

2 　地図を用意し，作図から九十九里浜の実長を求めよう。5年生へ指導することを想定して，指導計画を立てよう。その際に，自分で作業した経験を生かして，教師として指導のうえで注意しておくこともまとめよう。

3 　ジャガイモから型を切り出して，ケント紙で車を作ろう。6年生へ指導することを想定して，指導計画を立てよう。その際に，自分で作業した経験を生かして，教師として指導のうえで注意しておくこともまとめよう。

引用・参考文献・より深く学習するための参考文献
・刺繍画の作成方法は，岩田恵美氏作成の次のHPに詳しい。小学校4年生を対象にした内容で，Webを見ながら学習できるように作られている。「ししゅう画をつくろう!!」http://www01.dewa.or.jp/~emisky/sisyuu/ （2014.7確認）
・一松信・他『みんなと学ぶ 算数　6上』（検定教科書）学校図書，2011年
・志田恵穂「多面体を作ろう」横地清・菊池乙夫編著『第一学年の「選択数学」』明治図書，2000年，pp.89-110
・丹洋一「立体の製作活動を取り入れた中学生への三角関数の指導」数学教育学会『数学教育学会誌』Vol.46/No.1・2，2005年，pp.41-54
・守屋誠司「小学校における曲率概念を生かした円の指導について」兵庫女子短期大学『研究集録』第22号，1989年，pp.44-50
・横地清『円の性質』岩崎書店，1979年
・横地清「第Ⅰ章 選択数学の意義と内容」横地清・菊地乙夫編著『「選択数学」の考え方と展開』明治図書，2000年

［謝辞］　刺繍画では岩田恵美氏（寒河江市立陵南中学校），二面角・三面角では丹洋一氏（戸沢村立戸沢中学校）に協力していただきました。お礼申し上げます。

第 **13** 章

他教科との連携 1（美術と数学）

数学は，ほかの教科と大いに関係がある。ここでは，美術（図工）との合科指導を意識した内容として，模様の数学とトリックアートの数学を紹介する。実際に作業をしながら，読み進めるとよい。

キーワード

模様　運動　遠近法　トリックアート

1　模様の数学

いくつかのハンカチを用意した。模様にどんな特徴があるだろうか。

ア

イ

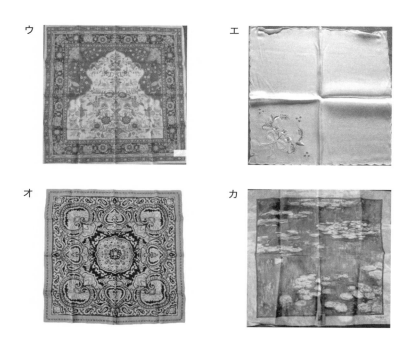

　絵柄はばらばらだが，模様がどのような数学的特徴を持っているかという観点で見ると，90°ずつ回転する模様や点対称の模様，縦に線対称の模様，斜めに線対称の模様，縦横斜めに線対称な模様，いずれでもない模様がある。模様を教材研究してみよう。

　図表13-1は，4歳児が線対称模様の指導を初めて受けて描いた作品である。図表13-2は，その指導後に活用としてTシャツに描いた模様である。このように，線対称はインフォーマルではあるが幼児で学習できる。このような経験をもとに，第6学年ではフォーマルに，対称軸とそれが対応する2点を結んだ線分の垂直2等分線になっている等の数学的内容を獲得する。

　模様は，第6学年の線対称と点対称につながる図形領域の内容ではあるが，本節では代数的な内容として扱う。結論は，絵柄は無限にあるが，「**運動**」の観点から見れば模様を描かせようとする台紙の形によって，そこに描かれる模様の種類が決定する。長方形に描かれる模様を「長方形模様」という。台紙が正方形だと「正方形模様」，台紙が帯状だと「帯模様」という。

図表 13-1　4歳児の線対称模様

図表 13-2　線対称模様の活用

（1）長方形模様

長方形の台紙に合う模様は何種類あるかを調べてみよう。

長方形を一度動かして（**運動**と呼ぶ）元の長方形にぴったりと重ねる運動を長方形の**基本の運動**という。基本の運動は，縦線対称運動（v），横線対称運動（h），180°回転運動（$R180$），360°回転運動（e）だけがある。なお，回転は時計と反対の向きの回転とする。ここで，始めに縦線対称運動を行い，続けて横線対称運動を行うと，結局どの運動を1回しただけと同じになるであろうか。実は，180°回転運動と同じになる。これを，「続けて運動する」演算記号「○」を導入して，$v \bigcirc h = R180$ と表す。さらに，$v \bigcirc R180 = h$，$v \bigcirc e = v$，$v \bigcirc v = e$，…となる。これらを，表にしたのが図表13-3で，乗積表という。

後

	e	$R180$	v	h
e	e	$R180$	v	h
$R180$	$R180$	e	h	v
v	v	h	e	$R180$
h	h	v	$R180$	e

（左欄外：始め）

図表 13-3　乗積表

基本の運動の全体集合 U は $\{e,\ R180,\ v,\ h\}$ であり，集合 U の要素同士で演算○を行うと，その結果は必ず基本の運動のどれか1つになる。このことを，集合 U は演算○に関して「**閉じている**」という。これを性質1としよう。さらに，次の性質が成り立つ。

性質2　Uのどの要素X, Y, Zを選んでも，$X \bigcirc (Y \bigcirc Z) = (X \bigcirc Y) \bigcirc Z$の結合法則が成り立つ。

性質3　Uのどの要素Xに対しても，$X \bigcirc e = e \bigcirc X = X$である$e$がある。$e$を**単位元**という。

性質4　Uのどの要素Xに対しても，そのXに対応するような$X \bigcirc Y = e$となる要素Yがある。YをXの**逆元**という。

この4つの性質が成り立つと，集合Uは演算$\bigcirc$に関して**群**であるという。長方形模様の場合は，eは360°回転運動であり，Xの逆元はX自身となっている。

　部分群は，集合Uのなかから，部分集合をつくり，それに演算$\bigcirc$を行うときに，上の4つの性質が成り立つ。たとえば，部分集合$\{e, h\}$では図表13-4のように性質1が成り立ち，さらにほかの性質も成り立つ。しかし，図表13-5のように$\{e, v, h\}$では性質1が成り立たず，性質1を成り立たせるためにはどうしても$\{e, R180, v, h\}$になってしまう。

図表 13-4　　　　　　　図表 13-5

　このように，部分群になる集合を求めると，

　　$\{e\}$　→　360°回転模様という

　　$\{e, v\}$　→　縦線対称模様という

　　$\{e, h\}$　→　横線対称模様という

　　$\{e, R180\}$　→　180°回転模様という

となり，元の集合，

　　$\{e, R180, v, h\}$　→　長方形の総合模様という

が，群となることがわかる。

　実は，この部分群のそれぞれが，長方形の模様に対応している。このことから，長方形模様は，360°回転運動させないと元の模様と重ならない「360°

回転模様」，縦線対称と360°回転運動を持つ「縦線対称模様」，横線対称と
360°回転運動を持つ「横線対称模様」，180°回転と360°回転運動を持つ「180°
回転模様」，長方形の基本の運動すべてを持つ「長方形の総合模様」の全部で
5種類しかないことが明らかにされた。

図表13-6　180°回転模様（大学生の作品）

　子どもに長方形の紙を渡して，模様を描かせると，絵柄は無限にあるが，
運動の観点で見ると5種類しか描けないのである。この事実を知っていると，
もし子どもが縦線対称の模様しか描いていないなら，180°回転の模様を描け
るように指導するなど，指導の留意点もわかる。
　同様な考え方で，正方形模様（ハンカチ模様）における基本の運動は，長方形
の基本の運動に加えて，右斜め下線対称運動（$d1$），右斜め上線対称運動（$d2$），
90°回転運動（$R90$），270°回転運動（$R270$）があり，全部で8種の基本の運動と
なる。これらをもとに，乗積表をつくると図表13-7となる。

後

始め	e	$R90$	$R180$	$R270$	v	h	$d1$	$d2$
e	e	$R90$	$R180$	$R270$	v	h	$d1$	$d2$
$R90$	$R90$	$R180$	$R270$	e	$d2$	$d1$	v	h
$R180$	$R180$	$R270$	e	$R90$	h	v	$d2$	$d1$
$R270$	$R270$	e	$R90$	$R180$	$d1$	$d2$	h	v
v	v	$d1$	h	$d2$	e	$R180$	$R90$	$R270$
h	h	$d2$	v	$d1$	$R180$	e	$R270$	$R90$
$d1$	$d1$	h	$d2$	v	$R270$	$R90$	e	$R180$
$d2$	$d2$	v	$d1$	h	$R90$	$R270$	$R180$	e

図表13-7　正方形の基本の運動の乗積表

さらに，部分群をつくって模様の種類を調べると，

　　　$\{e\}$ 　→　360°回転模様　　←　ハンカチの**カ**

　　　$\{e, v\}$ 　→　縦線対称模様　　←　ハンカチの**ウ**

　　　$\{e, h\}$ 　→　横線対称模様

　　　$\{e, R180\}$ 　→　180°回転模様　　←　ハンカチの**イ**

　　　$\{e, d1\}$ 　→　右斜め下線対称模様

　　　$\{e, d2\}$ 　→　右斜め上線対称模様　　←　ハンカチの**エ**

　　　$\{e, v, h, R180\}$ 　→　縦横総合模様

　　　$\{e, d1, d2, R180\}$ 　→　斜め総合模様

　　　$\{e, R90, R180, R270\}$ 　→　90°回転模様　　←　ハンカチの**ア**

　　　$\{e, R90, R180, R270, v, h, d1, d2\}$ 　→　正方形の総合模様　←　ハンカチの**オ**

となる。このことから，正方形模様は10種類に限られることがわかる。

図表13-8　90°回転模様（大学生の作品）

　同様な方法で正三角形模様の種類は6種類に限られる。さらに，台紙が帯状になっている帯模様では図表13-9のように7種類に限られる。このことは，横地清（2005, 2006）に詳しく説明されている。さらに，小学生用のテキストとして実際の授業で使える，渡邉伸樹（2005）と森脇邦夫（2005）がある。

平行模様

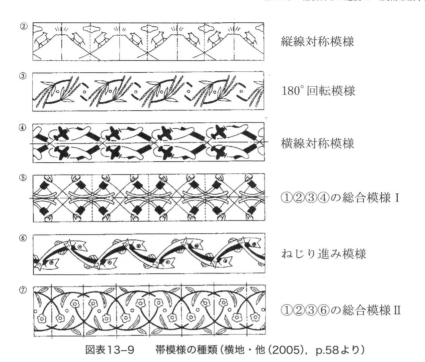

図表13-9　　帯模様の種類（横地・他（2005），p.58より）

　法隆寺の五重の塔や金堂の欄干には，卍崩しの文様が見られる。これも，数学的に見れば，ねじり進み運動で組み立てられている。同様な模様は，中国の大同にある雲崗石窟でも見られるし，韓国では新羅の都であった慶州から出土した卍崩しの木組みを国立慶州博物館で見られる。

図表13-10　法隆寺の卍崩し

図表13-11
慶州雁鴨池からの出土物（7世紀頃）

（2）授業の例

　以上の教材研究を行うことで，模様を指導する際に，図工科との合科で数学としての目的を持った授業が展開できる。

　図表13-12は，2年生が三角形の学習のなかで制作したしおりである。台紙が二等辺三角形であれば，左右対称な模様が特徴的な模様となる。図表13-13も2年生がろうけつ染めで染めた壁掛けである。図表13-14は，3年生が箱の形と展開図の学習のなかで制作した正六角柱の宝箱である。側面にはねじり進み模様，ふたには60°回転模様が描かれ，宝箱らしくきれいに仕上がっている。図表13-15は，5年生が線対称・点対称の発展として帯模様を学習したときに制作したろうけつ染めののれんである。

図表13-12　しおり（2年生）

図表13-13　壁掛け（2年生）

図表13-14　宝箱（3年生）

図表13-15　のれん（5年生）

2 トリックアートの数学

(1) 遠近法とトリックアートの関係

　数学的遠近法は，15世紀にイタリアで完成された。遠近法は，3次元空間を2次元平面であるカンバスや壁面に表現する方法である。図表13-16は，ドイツの画家デューラーの手による木版画の模写である。遠近法を説明するのに必要な目の位置（視点E）とカンバス（画面α），それに描画対象が描かれている（192ページ図表13-19）。

　遠近法で風景を描くと，遠くの物は徐々に小さくなる。画面αに垂直である目の前の平行線は，幅が徐々に狭くなり1点Fで交わる。この点を消失点という。地平線や水平線では，地平や海が空と交わる。さらに，地面に描かれた正方形は，遠近法によって台形に描かれる。これらの遠近法による描き方を逆に利用して，地面に描かれている絵が，目の前の画面α上に描かれているように見せることができる。これをトリックアートという。

図表13-16　デューラーの絵

図表13-17　立て看板が見える

図表13-18　地面に絵が置かれている

　テレビでトリックアートを使った例を時々見ることがある。図表13-17は，サッカーの中継画面であるが，ゴールの横に看板が立ててあるように見える。図表13-18は，この看板を違う角度から撮影して映し出された映像である。

（2）トリックアートの数学的解析

　図表13-19を見よう。目の位置Eは，地面 β からの高さETが h，画面 α までの距離EFが d であるとする。画面 α 上に，地面 β から，高さOQ，原点OからOUの位置に点Pを定める。

　地面に描いた原像の点P′が，視点Eから見て画面 α 上の像である点Pの位置に見えるように

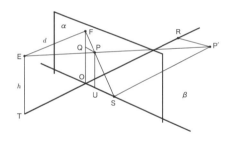

図表13-19　視点と像，原像の関係

すれば，地面に描いたP′が画面 α 上に浮かんで見える。そこで，P′は，EとPを結んだ線分を延長して，地面 β との交点とする。

　これら，視点Eの位置を表す d，h，点Pの位置を表すOU，OQから，トリックアートを描くP′の位置を決めるために，OSとORを計算して求めることが課題となる。数学としては，中学校第3学年で扱う，相似と相似比を利用する。

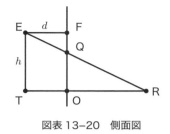

図表13-20　側面図

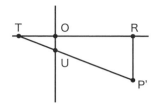

図表13-21　平面図

　図表13-20は，図表13-19を真横から見た側面図にあたる。△ERT∽△QROなので，対応する辺の比が等しいことからTE：TR＝OQ：ORとなる。

$$h:(d+\mathrm{OR})=\mathrm{OQ}:\mathrm{OR}$$ であることから，$$\mathrm{OR}=\mathrm{OQ}\,\frac{d}{h-\mathrm{OQ}} \quad\cdots\cdots①$$

となる。

　図表13-21は，図表13-19を真上から見た平面図にあたる。△TOU∽△TRP′なので，対応する辺の比が等しいことからTO：OU＝TR：RP′となる。d：OU＝$(d+\mathrm{OR})$：RP′であることから，

$$\mathrm{RP}'=\frac{\mathrm{OU}(d+\mathrm{OR})}{d}$$

ORの長さは①で求められるので，①の式を代入して整理すると，

$$\mathrm{RP}'=\frac{\mathrm{OU}\cdot h}{h-\mathrm{OQ}} \quad\cdots\cdots②$$

となる。

　以上より，d，hと画面上のPの位置から，地面上のP′の位置を求めることができた。

　では，実際にトリックアートを描いてみよう。$h=10$cm，$d=25$cmとして，画面αに1辺3cmの正方形が見えるようにする。OQ＝3cm，OU＝1.5cmを式①と式②に代入して，ORとRP′を求めてみよう。

$$\mathrm{OR}=3\cdot\frac{25}{10-3}=10.71,\quad \mathrm{RP}'=\frac{1.5\cdot10}{10-3}=2.14$$

となる。

この数値で方眼紙に台形OUP′Rと直線ORに線対称の台形を原像として図表13-22のように方眼紙に描く。このとき，原像は，見えやすいように赤く塗りつぶすとよい。図表13-23のように，目から25cmの位置にこれを敷き，目の高さが10cmになるところから正面をまっすぐに見る。見方に慣れてくると，視野の下のほうにボーッと赤い正方形が見えるはずである。

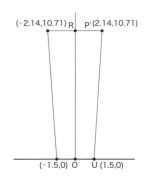

図表13-22　地面βに置く原像

図表13-23　観察のようす

（3）授業の例

　中学校で指導された実践例を見よう。数学モデルを考え，実際に描いてみる授業として展開していく。図表13-24では，教師の前の机の上に台形に書かれた赤い原画があり，それを目の代わりにデジタルカメラで撮ってモニター画面に見せている。モニター画面では，この台形が見事に計算どおり正しく正方形に見えている。

図表13-24　トリックアートの作成

確認問題

　1　正三角形の台紙に模様を描く場合，基本の運動は，360°回転運動（e），

120°回転運動（$R120$），240°回転運動（$R240$），縦線対称（v），右上斜め線対称（$d1$），右下斜め線対称（$d2$）である。これを使って何種類の模様が描けるか，乗積表を用いて考察しよう。

2　長方形の台紙に180°回転模様を描こう。

3　正方形の台紙に90°回転模様を描こう。

4　自分で目の高さと画面までの距離を決めて，トリックアートを描こう。

引用・参考文献・より深く学習するための参考文献

・大澤弘典『生活の中の数学』学校図書，2007年
・鈴木正彦「俯瞰の幾何」横地清編著『数学教育学序説 下』ぎょうせい，1981年，pp.30-45
・森脇邦夫「第V章 運動模様 ── 長方形と正方形の運動模様」横地清監修『検定外 学力をつける算数教科書 第5巻 第5学年編』明治図書，2005年，pp.158-183
・横地清『遠近法で見る浮世絵』三省堂，1995年
・横地清・菊池乙夫・守屋誠司『算数・数学科の到達目標と学力保障 別巻 理論編』明治図書，2005年
・横地清『教師は算数授業で勝負する』明治図書，2006年
・渡邉伸樹「単元III 長方形模様を描く ── 対称・回転の運動模様」横地清監修『新教科書を補う算数科発展学習教科書 第2巻 3・4学年編』明治図書，2005年，pp.126-148

第 14 章

他教科との連携 2（理科と数学）

　理科と数学は関連が深い。ここでは，理科と数学の総合教材として日時計について分析してみる。日時計は，小学校低学年から高等学校まで，それぞれの学年に合わせた内容で扱える教材である。数学教育における日時計の取り扱いについて，幾何教育の充実，数学的モデリングにおける数学の発展，数学の文化史の指導，数学と理科の連携という観点から，その事例と教育的意義について考える。

キーワード

　赤道型日時計　水平型日時計　時刻と時間　緯度と経度

1　日時計とは

　日時計は，影取棒であるノーモンの影が落ちる時刻板をどう置くかによって，大きく3つに分類できる。時刻板が地面と水平になっている「（地面）水平型日時計（以後，水平型とも略記）」（図表14-1），時刻板が赤道面と平行になっている「赤道（平行）型日時計またはコマ型日時計，円筒型日時計（以後，赤道型とも略記）」（図表14-2），時刻板が鉛直になっている「（地面）鉛直型日時計（以後，鉛直型とも略記）」（図表14-3，図表14-4）である。その他にも，図表14-5は韓国の国宝845号に指定されている仰釜日時計である。この日時計は時刻と節気とが同時にわかる完璧な球面日時計である。

図 14-1　小原式水平型日時計
地球儀に影ができ，その部分が夜であることも示している。（相模原市立鹿島台小学校）

図 14-2　赤道型日時計
李氏朝鮮第 4 代王世宗時代に制作された日時計で実物の 7 倍に拡大復元されている。（韓国：世宗博物館）

図 14-3　鉛直型日時計
ヨーロッパに多いタイプで南向きに作られている。（フランス：シャルトル大聖堂）

図 14-4　東壁用鉛直型日時計
高緯度地域では，夏季の日の出，日の入りの位置が日本の場合より北に寄っているため，東西の壁に早朝や夕刻用の日時計がある。（ロンドン：聖マーガレット教会）

図 14-5　仰釜日時計
オリジナルは 15 世紀前半に製作された。（朝鮮王朝，18 世紀，韓国：国立古宮博物館）

さて，日時計製作では，その日時計が設置される場所の緯度が重要となる。緯度によって，水平型・鉛直型日時計ではノーモンと時刻板との角度や時刻板上の時刻線の引き方が変わる。また，赤道型日時計では時刻板と地面との二面角の大きさが変わる。

時刻線の引き方が一番簡単なのは赤道型日時計であり，時刻板の中心から15°ずつの間隔で放射状に半直線を引くだけでよい。しかし，水平型や鉛直型日時計では，この線の引き方が複雑となり，通常は三角関数による計算を必要とする（横地清（1981））。そこで，小学生が水平型日時計を製作する場合は，教師側が時刻線の入った時刻板を用意しておく必要があった。この点を渡邉伸樹（2000）は，小学校6年で赤道型日時計を製作した経験のある中学1年生に対して，作図だけで水平型日時計の時刻線を引く方法を指導し，中学1年生または小学生でも自力で水平型日時計を製作できる可能性を示した。高度な計算を駆使するのではなく，簡単な作図による時刻線の線引きは，指導上の進歩であった。なお，この作図方法を使うと鉛直型日時計の時刻板も同様に作成できる。作図や三角関数を利用した製作により，日時計は小学校低学年から高等学校まで，いずれの学年でもその学年に適応した方法で指導ができる教材となったのである。作図方法は守屋誠司（2012）で資料文献をのせたので参考にしてほしい。

2　赤道型日時計の原理と作成方法

平行線では同位角が等しいという定理を使って赤道型日時計の製作方法を説明できる。まず，図表14-6のように，リンゴを地球と見立てて，緯度・経度について学ぶ。

赤道型日時計の原理を簡単に説明しよう。地球が止まっていると考えると，太陽は北極軸を中心に時計回りに24時間かけて地球を1周している。太陽は遠方にあるので，日時計のノーモン（影を作るために目盛板に垂直に刺さっている棒のこと）を中心に回っていると考えてもよい。そうすると，赤道面に平行な時刻板に映るノーモンの影は1時間あたり15°ずつ動くことになる。そこで，時刻板には，15°ずつの放射状の時刻線を描き入れておけばよいことになる。

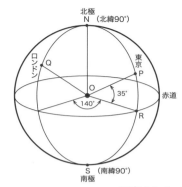

図表 14-6　緯度・経度の学習

日本の標準時は，明石市の東経135°で南中するときを正午と定めているので，東経140°の東京では，20分（$60 \times \frac{5}{15}$）ほど早く南中することになる。春分には太陽は赤道面上を移動しており，夏季の太陽は赤道面より上側（北側）を移動する。夏至を境に太陽は徐々に南下を始め，秋分には，また太陽は赤道面上を移動する。そのため，春分から秋分までは北を向いている時刻板の上にノーモンの影ができる。また，冬季には赤道面より下側（南側）で太陽は移動し，冬至を境にまた北のほうに移動し始めて，春分になる。したがって，

秋分から春分の冬季には，夏の面の裏面に描かれた南向きの時刻板に影ができる。このように赤道型日時計では，時刻板は，北向きとその裏の南向きの両面に時刻線が必要となる。

次に，時刻板と台との角度xを考えよう。時刻板と台は，図表14-7のような位置関係になる。そして，その角度xは，次のように「90°−緯度」で求められる。

地点Pに赤道面と平行になるように時刻板を設置する必要がある。時刻板は図14-7では線分PQにあたる。

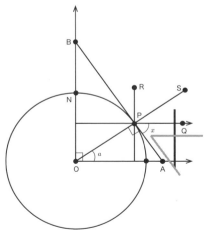

図表14-7　日時計の原理

地点Pの緯度を$\angle a$とすると，時刻板と地面のつくる角度は$\angle$QPAになる。PQ//OAなので同位角は等しい。

$\quad \angle$QPS$= \angle a$ ……①

また，

$\quad \angle$OPA$= \angle$SPA$=90°$ ……②

よって，①，②より，

$\quad x = \angle$QPA$=90° - \angle$SPQ

$\quad \quad =90° - \angle a$

以上より，赤道型日時計では，時刻板と地面に水平に置く台との角度，つまり，時刻板と台の二面角の大きさが，「90°－緯度」になるように設計すればよいことがわかる。

赤道型日時計の作成方法

北緯35.7度の東京で利用する赤道型日時計の設計図は，図表14-8，9である。図表14-10は，時刻板と台との角度を固定するために使用する角度板である。台の左右に貼り付けて，これらの二面角を固定させる。

時刻板上において，ノーモンを刺す点Oと点Pの長さを5cmとして設計すると，ノーモンが時刻板を突き抜けて台と交わる点Qの位置は，点Pから，8.6cmになる。これは，赤道型日時計を真横から見ると三角形POQは，直角三角形となるので，三角比を使うと，$\sin a = \dfrac{PO}{PQ}$となり，$PQ = \dfrac{PO}{\sin a}$となる。

今，PO$=5$cm，$a=35.7$なので，それを代入すると，

$PQ = \dfrac{5}{\sin 35.7} = 8.6$ が得られる。

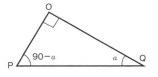

ノーモンには，竹ひごを使い，点Oから突き刺して，点Qの位置に固定すると，$\angle$POQは直角になる。このときに，OQの長さも，三角比を使って計算しておき，その長さの位置で竹ひごを時刻板と固定するとさらに安定する。

大切なのは，POの長さと，時刻板と台との二面角の大きさを決定して，ノーモンを時刻板に垂直に固定することである。それ以外の部分は，図表14-11のように子どもが好きなように装飾できる。

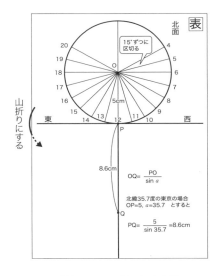

図表14-8　北に向く表側

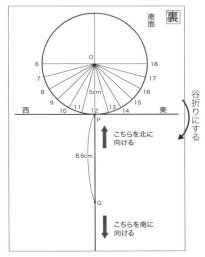

図表14-9　裏側は南に向く

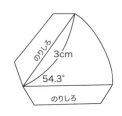

図表14-10　角度板例

図14-11　いろいろなデザインの日時計で観察

　日時計ができ上がったら，外に出て，実際に時刻を調べてみる。このとき，ノーモンが真北（北極星）を指すように，水平の地面に日時計を設置する必要がある。真北と方位磁針が示す北は少しずれており，東京では，方位磁針が示す北から東側へ約6.5°のところが真北となる。

　時刻を読むときの注意は，その地点の経度による時刻のずれを補正する必要がある。東京の場合，ノーモンの影が示す時刻から20分を差し引いた時刻が，時計上の時刻となる。さらに，**均時差**という－20〜＋15分ほどの時間差

がある。これは，季節によって違うので，インターネットなどで調べておく
必要がある。

3　日時計の教育的意義

　日時計を利用する教育的意義は，時刻の指導で有効であるということがま
ず挙げられる。時刻と時間は小学校低学年で指導される内容であるが，起床，
朝食，学校，帰宅，睡眠の生活時間に関連づけて，短針と長針によるアナロ
グ時計の文字板読みが指導される。この指導方法では文字板読みが中心とな
るため，時刻は時計が決めるのであり，時計が止まっていると時間も止まっ
ているという誤認識を起こしやすい。時刻と時計とは別のものであり，時刻
は太陽の運行で決まってくることを知らせるために日時計を導入し，それを
使って時刻を読み取る活動をさせる。その後で，より便利で正確に時刻を知
ることができる時計を導入するという指導が勧められる。以下では，時刻の
指導以外での日時計の教育的意義を述べる。

（1）幾何教育の充実
　現在の幾何教育の課題として，体系的な論証の指導が行われないこと，空
間や立体の幾何の内容が少ないことが挙げられる。これらを解決する教材の
1つとして日時計が考えられる。

　日時計では幾何の定理を多用する。
たとえば，赤道型日時計の原理を説
明する際には，「平行線の同位角は等
しい」「円の接線において，中心と接
点を結ぶ線分は接線と垂直に交わ
る」，また，時刻板とノーモンを垂直
にするためには三垂線の定理を利用
する。同位角に関する定理を導き出
すために，守屋・丹洋一（2001）では，
小学校で学んだ作業活動を基にして

図表 14-12　小学校 6 年生の作品

公理や定義を設定し，体系的にこの定理を導き出すという論証のミニ体系をつくった。この体系を基に安田知沙・守屋（2013）では，小学校の幾何教育の改良の一環として，小学校5・6年生が，長方形の定義から始まり，2直線が平行だと同位角が等しいことまでを順に証明する内容を学習した。さらに，その定理を生かして，赤道型日時計の原理を学習した。図表14-12は，北緯33°で利用するためにこの6年生が製作した日時計である。

空間の幾何に関しても，たとえば，球面上の位置（緯度と経度），球と接平面，平面と平面の平行，平面と平面が交わって作る角（二面角），平面と直線の垂直（三垂線の定理），地球と太陽の関係など，従来からの柱体や錐体中心の立体幾何とは違った空間の幾何の学習内容を扱える。さらに，赤道型から水平型日時計を製作する過程では，空間にある点（太陽）とノーモン，時刻板，地面の位置関係を扱うため，より空間認識を高められる。横地（1981）では，太陽の運行自体を証明の対象にしてさらに高度な内容を扱っており，それは，高校生を対象にする空間の解析幾何の内容として適当である。

（2）数学的モデリングの指導

数学的モデリングの視点から日時計を検討してみたい。赤道型日時計の原理がわかりその製作を終えると，一応，日時計をつくるという目的は終了する。しかし，それ以外の形をした日時計は同じようにつくられているのかという新たな課題が発生する。その際に，時刻板上の時刻線の引き方が赤道型日時計と違い，単純ではないことを知る。そこで，赤道型日時計をもとに，作図や三角関数を使って，水平型・鉛直型日時計を製作していく。守屋・丹・宮本俊光（2010）では，図表14-13のように中学3年生を対象に作図によって水平型を製作する授業，さらに高校1年生を対象に三角関数を使って製作する授業

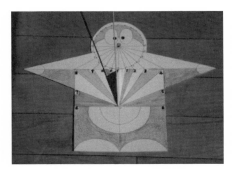

図表 14-13　水平型日時計
（中学 3 年生の作品）

の実際が報告されている。守屋ら（2005）でも，タイと日本の中学生による遠隔協同学習において，三角関数を利用して水平型日時計の時刻線の引き方を扱った。この事例のようにして赤道型から水平型，さらには鉛直型へと数学モデルを発展させることができるのである。

　なお，水平型の時刻板から緯度を推定する過程でも数学モデルの発展が可能である。水平型日時計の時刻板のみから，この日時計がどこで使えるか，つまり北緯何度の地点で使うためにつくられた日時計であるかを推測するという課題を設定する。先に紹介した守屋・丹・宮本（2010）では，中学3年生が水平型日時計を製作した後，宮城県塩竈市塩竈神社に保存されている林子平製作と伝わる水平型日時計の時刻板の解析を試みている。

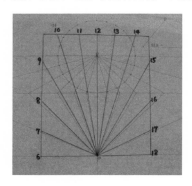
図表 14-14　北緯 38 度との比較

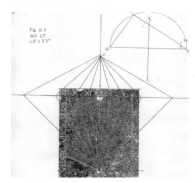
図表 14-15　作図による北緯の決定

　最初は図表14-14のように，教師が用意した各緯度における水平型日時計の時刻線をコピーしたOHPシートを，塩竈神社の日時計の時刻板に重ねていき，この日時計の使用されるべき緯度を推定するという方法をとった。

　その次に，より詳しく分析する方法を考えることになる。既習の幾何の定理を用い，作図によって図表14-15のような合同な直角三角形を描く。その図形の角の大きさを実測して，緯度を推定したのである。

　さらに，高校生を対象とするならば，図表14-16において，pq＝1とすると，

$$a = \sin^{-1}\left(\frac{\tan x}{\tan t}\right)$$

を得られ，より高度な数学で緯度を推定できる。

従来利用されている数学的モデリングのサイクル（171ページの図表12-1参照）を，階層的に積み上げる，数学的発展モデリングとしての実践ができる。

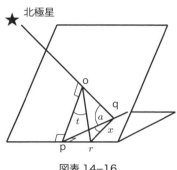

図表 14–16

（3）　数学の文化史として

（2）で，林子平製作とされる水平型日時計の分析例を紹介した。生徒らは，この日時計の使用される場所が北緯33°付近であることを導いた。しかし，塩竈市の北緯は38.9°であるから，この日時計は，塩竈では正確な時刻を示さないことがわかる。33°は長崎に近く，本来は長崎あたりで使われるために作られた日時計であろうと結論づけた。実際に，長崎の出島には1766〜67年に作られたと推測されている石の水平型日時計が現存する。林は，1775，77，82年の3回，長崎を訪ね，西洋の珍しい物を土産にしていた記録がある。出島に設置してあった珍しい水平型日時計を知り，その拓本を持ち帰り，その拓本をもとにして石工に日時計を作らせ，それを塩竈神社に寄進したと推察できる。このような郷土の歴史に触れながら，数学を駆使して，歴史上の事実を解明していく授業に生徒らは意欲を持ち，数学や科学の重要性を知ることができた。

もう1つは，形や型の違いに着目することである。同じ赤道型でも緯度の違う国では，時刻板と地面との二面角の大きさが違う。たとえば，北緯14.3°であるタイのアユタヤでは，地面から時刻板は75.7°の角度となるため，日本の場合より起き上がっているはずである。206ページ図表14-17は，タイのアユタヤ郊外の，バーンパイン宮殿の対岸にあるWat Niwet Thammaprawatの1878年製日時計で，このことが確認できる。

図表 14-17　低緯度の赤道型日時計　　　図表 14-18　孔廟・国子監の日時計

　図表14-18は，北京市雍和宮駅の南にある，孔廟・国子監の裏庭に設置されている日時計である。石で作られており，同様な形の日時計は，故宮でも数点確認できる。このことから，韓国の赤道型日時計を先に紹介したが，世宗王はその技術を「明」から輸入したようで，赤道型のルーツは中国であろうと推察できる。

　このように，日時計を調べてみると地域の歴史や文化財へとつながり，国際的視野を育成できる数学の文化史の教材としての価値が見いだされる。

（4）　数学と理科の連携より

　日時計は理科の教材として利用されてきた。現行の小学校3年生用教科書では，図表14-19のように地面に垂直に立てたノーモンの影取から，時刻と太陽の動きとの関係を扱っている。しかし，この方法では，日がたつにつれて同時刻での影の位置はずれてくる。一年中使える日時計を製作するためには，第2節で説明したように，ノーモンを天の北極に向ける必要がある。このとき，ノーモンは，その地点の緯度と同じ角度で，地面と交わる。これらを小学校低学年生が理解す

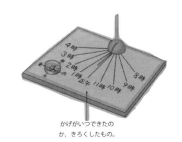

図表 14-19　大隈良典ら（2011）p.81 より

ることはむずかしいため，本格的な日時計製作は高学年の教材となる。

　近年，数学教育と理科教育の連携について議論されることが多くなった。時刻と太陽の動き，守屋・丹（2001）の論証と日時計製作，さらに，横地（1981）の「太陽と地球の幾何」のように，算数・数学と理科とは大いに関連し，日時計を中心にそれらは連携できる。しかも，そこで扱われる数学は決してレベルの低い内容ではない。たとえば，高緯度地域の夏季では，壁の東面や西面，さらには北面にも鉛直型日時計が設置されている。その訳を考えさせることで，小学校高学年用の幾何と理科の総合学習となり得る。

　日時計にこだわり，その教材としての価値について，幾何教育，数学的モデリング教育，文化史，理科との連携の点から述べた。そして，日時計は，論証や空間の幾何を学習できる，数学モデルの発展を体験できる，歴史的・国際的視野を持てる，さらに，数学の実用性を体験できる教材であることを示した。

　たかが日時計といわれそうだが，これほどに教育的利用価値のある教材は少ないと考える。より数学的に扱うには，横地（1981）が大変有益であり，高校 2 年生あたりの教材として適当と考える。

確認問題

1　身の回りから，いろいろな型の日時計を探して，形や構造，時刻線を調べよう。
2　自分の土地にあった赤道型日時計を作って，時刻を調べよう。その際に，製作上で気をつけたことなどをまとめよう。
3　南半球で使う日時計の作成方法と設置方法は，北半球で使う日時計とどう違うかを考えよう。

引用・参考文献・より深く学習するための参考文献
・大隈良典他『わくわく理科 3』啓林館，2011 年
・関口直甫『日時計　その原理と作り方』恒星社厚生閣，2001 年

・守屋誠司・丹洋一「幾何の公理と証明」横地清監修『第二学年の「選択数学」』明治図書，2001年，pp.55-77
・守屋誠司・大村隆之・池本博行・寺本京未・渡邉伸樹「テレビ会議システムを利用した創造性育成のための国際協同学習の研究」数学教育学会『数学教育学会誌』Vol.45/No.3・4，数学教育学会，2005年，pp.51-69
・守屋誠司「塩釜神社の日時計と長崎出島の日時計の関係にかかわる仮説」玉川大学教育学部紀要『論叢』玉川大学，2009年・2010年，pp.19-27
・守屋誠司・丹洋一・宮本俊光「数学の授業における水平型日時計の扱いと授業実践の成果」玉川大学学術研究所『教師養成研究センター紀要』第2号，玉川大学，2010年，pp.1-10c
・守屋誠司「数学教育における教材『日時計』の教育的意義と利用例」，『論叢』玉川大学教育学部紀要，玉川大学，2011年・2012年，pp.97-111　http://libds.tamagawa.ac.jp/dspace/bitstream/11078/22/1/5_2011_97_111.pdf
・安田知沙・守屋誠司「小学生の幾何教育の提案――立体製作から論証まで」数学教育学会『2013年度数学教育学会秋季例会発表論文集』数学教育学会，2013年，pp.16-18
・横地清「太陽と地球の幾何」横地清編著『数学教育学序説 下』ぎょうせい，1981年，pp.72-103
・渡邉伸樹「赤道型日時計から地面水平型日時計への拡張」大阪教育大学数学教室『数学教育研究』第30号，大阪教育大学数学教室，2000年，pp.109-121

第 **15** 章

いろいろな問題

　将来の大学進学を視野にいれて，私立中学・国立中学への受験をする小学生は，都市部を中心に依然として高い割合を示している。中学入試の問題は，小学校算数の教科書の内容を越えた高度な考え方や特殊な解法を要求するものが多く出題されている。この章ではこうした問題を算数的な論理の応用・発展としてとらえ，いくつかの例を考察してみよう。

1　応用・発展問題（中学入試の問題から）

（1）中学入試の算数

　私立・国立中学への受験は，一時よりも若干の低下傾向はあるが，都市部を中心に依然として高い割合を示している。東京都教育委員会が毎年発表している「公立学校統計調査報告書」でも，2012年度で都内の公立小学校を卒業した者の都内の私立中学に進学する割合が都内全域の平均で16.3%，23区内ではさらに高く20.0%である。とくに都心部の千代田区，中央区，港区，文京区，世田谷区，渋谷区などでは，私立中学への進学率は軒並み30%を超え，実際の中学受験率はさらに高いと考えられる。学校によっては，6年生の半数以上が私立中学への進学者であるという状況のなかで日々の授業を進めていかなければならない。

　こうした私立中学の算数の試験内容は小学校の教科書レベルの問題に比して難易度が高く，とくに進学率の高さを誇る中学の入試問題については毎年その難易度の高さが話題になるほどである。こうした問題の特徴を挙げると

以下のようになろう。

①小学校の学習指導要領で定められた学習項目の範囲内で解答できることが前提の問題である。したがって中学校以上の学習項目である1次方程式，連立方程式や平方根などの知識がなくても正解を導くことはできる。

②一方で出題する中学校側の要求は，難易度の高い問題への対応力・問題解決力に秀でた児童の選別・確保である。教科書レベルの問題ではほとんどの受験生が容易に解けてしまい優劣の差はつかない。論理的思考を駆使した解法が必要な難易度の高い問題が出題の中心になる。四則計算とその工夫，公約数・公倍数の応用，線分図・面積図・ダイヤグラムなどを使った文章題の解法，連比の応用，辺の比と面積比，図形の性質を駆使し合同，相似，等積変形などを利用した図形の角度・面積・体積の問題などの高度な論理的解法が必要な問題である。

③方程式を使えば比較的簡単に解ける問題も，あえてそれを使わずに解くので，鶴亀算，天びん算，旅人算などの伝統的な解法のテクニックが必要な問題や一種のパズル的な問題も少なくない。

中学以上では方程式や関数，三平方の定理や平方根を用いて扱う問題を特殊算的解法で解かせることやパズル的な知識による問題については議論の分かれるところではあるが，習熟度の高い児童への発展的問題として取りあげることは可能であるし，少なくとも教師自身はこうした問題も確実に解答できる力を持っていなければ，進学志向の強いクラスの運営は非常に困難になる可能性があろう。

そうした状況もあってかここ数年の教員採用試験には図形問題を中心に受験算数に近い内容の問題も出題されており，この種の問題に対しても十分に対応できる力を持った教員が要求されている。一例として2012年度に実施された東京都の教員採用試験の2次募集で出題された問題を示す（図表15-1）。この問題は中学入試でよく出題される図形と比の問題として解くことができ，こうした問題を短時間で解く能力が教師にも求められている。

そこでここでは，こうした発展的な問題を中心に典型的な解法の例を検討していく。

次の図で，AD：DF＝2：1，BE：ED＝1：1，EF：FC＝1：3　のとき，△ABCの面積に対する△DEFの面積の割合を分数であらわせ。

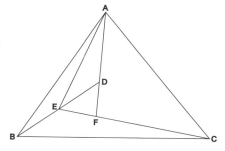

図表15-1　平成24年度東京都教員採用試験第2回教職教養及び専門教養問題より

（2）四則計算の文章題

　最初に中学校入試の文章題の典型のようにいわれている「鶴亀算」について考える。次の例題を考えてみよう。

例題1　**52円と82円の切手がある。この2種類の切手を取り混ぜて合計15枚を買い，960円を支払った。各切手を何枚ずつ買ったのか。**

　この問題は中学以上では連立方程式を立てて解くのが一般的である。52円切手をx枚，82円切手をy枚買ったとすると枚数の和と代金の合計から次のような連立方程式を立てる。

$$\begin{cases} x + y = 15 & \cdots\cdots ① \\ 52x + 82y = 960 & \cdots\cdots ② \end{cases}$$

　これを解いて$x = 9$，$y = 6$より解は　52円切手9枚，82円切手を6枚となる。

　小学校では連立方程式を扱わないので，四則計算と算数的論理だけで解くことになる。その伝統的な手法が鶴亀算と呼ばれているものである。

　1）　代表的な鶴亀算の考え方
　　・15枚すべてが52円切手だとすると，$52 \times 15 = 780$　で780円。
　　・実際の金額960円よりも$960 - 780 = 180$で180円の差額がある。
　　・ここで52円を1枚82円に取り替えると，$82 - 52 = 30$より30円代金が増える。
　　・差額の180円がこの増分30円の何倍かを考えると82円切手の枚数が得

られる。つまり，180÷30＝6より82円切手6枚，残りが52円切手なのでこれは9枚という手順で答えを求めるものである。

2）面積図による方法

鶴亀算の考え方は面積図と呼ばれる方法を使うとより理解がしやすい。小学校算数の乗法の学習は，文章題では「単位あたりの量×割合（個数）＝全体量」という場合に適用することから始まる。たとえば「52円切手を4枚買うと代金はいくらになるのか」という問題では，

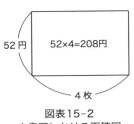

図表15-2
文章題における面積図

単位量が切手1枚あたりの代金52円，割合が切手の枚数4枚，全体量（この場合代金）はかけ算52×4＝208で求められる。この計算を図表15-2のように長方形の縦の長さを単位量，横の長さを割合と見立てると長方形の面積は全体量を表し，これを面積図と呼んでいる。

幾何学的な面積では，縦と横とがともに同一な単位の長さであるが，この場合は縦の長さが表す量と横の長さが表す量が別種の量であるために，小学生よりもむしろ教師側に最初は違和感があるかと思う。図表15-3では縦の長さの単位を「円」として表しているが正しくは切手1枚あたりの単価であるので「円／枚」であり，横の単位「枚」との積である面積が「円」を表すのは単位から考えれば不思議ではない。

この面積図を上記の例題に適用すると図表15-3の（1）のようになる。

次にすべてが52円切手だとした場合の図が図表15-3の（2）であり，灰色部分が82円切手を買ったことによる差額分である。そこから82円と52円の差が灰色部分の縦の長さ，本当の代金960円と52円切手だけとした場合の金額780円との差が灰色部分の面積なので（3）のようになる。ここから灰色部分の横の長さを求めるとそれが82円切手の枚数を表す（4）。52円切手の枚数は15－6＝9より9枚と求められる。

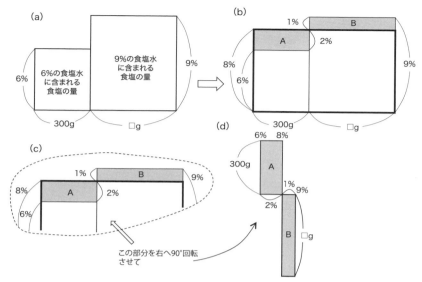

図表15-4a　面積図を使った濃度の問題の解法（例2）

　　面積図での解法はこれでよいのだが，これをさらに手法として簡易化したのが天びん算である。図表15-4aの(b)の斜線部分が等しいことを利用して解くのであるから，この部分だけを取り出したのが(c)である。この部分を右に90°回転させたところが(d) である。

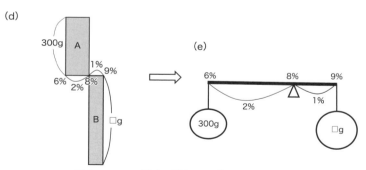

図表15-4b　濃度の問題：面積図から天びん算へ

　　この(d)はAの部分，Bの部分ともに横の長さは濃度の差，縦の長さは食塩水の量を表し，Aの面積とBの面積が等しいこと，これはAの縦と横の積とBの縦と横の積が「等しい」つまり「バランスする」ことが必要である。

この「バランスする」ことを文字通り天びん秤の平衡になぞらえたのが図表15-4bの (e) である。この天びん秤では支点（△で示す）を中心に腕の長さとおもりの大きさとの積が左右で等しいことでこの天びんはバランスする。

つまり (d) でA，Bの面積を求めることを，(e) では腕の長さとおもりの積で置き換えたのである。仕組みはこのようなことであるが，実際に天びん算を使うときはもっと機械的に，

(1) 直線を引きその両端に混ぜる前の2つの食塩水の濃度を書く。濃度の低い方が左と決めておくとよい。

(2) 直線の中ほどに混ぜた後の食塩水の濃度を支点として入れておく。

(3) 支点からそれぞれの両端までの長さを求める。これが腕の長さである。

(4) 直線の両端に混ぜる前の食塩水の量をおもりとして描く。

(5)「腕の長さ×おもりの重さ」が左右で等しくなることで式を立てる。

という手順で立式をすればよい。後はこの式を計算すれば答えが求められる。

なお (e) を描いたらそこから，

$$300 \times 2 = \square \times 1$$

と式を立てて計算をしてもよいが，比を使って考えてもよい。図と天びん秤の性質から左右のおもりの重さの比と腕の長さの比より，

$$300 : \square = 1 : 2$$

として比の関係から未知数を求めてもよい。問題によっては比を使ったほうが計算が簡単になる場合もある。

以上，面積図について述べたが，すべての文章題が面積図で簡単になるとは限らない。また面積図で表せるのはあくまでも2数の積についてであり，3数以上の数の積を扱うことはできない。

こうした伝統的な文章問題には，鶴亀算，天びん算のほかにも，距離と速度を扱った旅人算や流水算，時間と仕事量を扱う仕事算やニュートン算などがある。また比の問題も多く扱われ，とくに連比を扱った文章題，その応用である倍数変化算なども多い。ここでは紙数の関係でここまでしか扱えないが，各自でそうした問題を調べてみるとよいだろう。

（3）図形の角度や面積の問題

　次に中学校入試のみならず，各自治体での教員採用試験の算数問題として
よく出題される図形の問題について考えてみよう。

　1）　角度の問題

　二等辺三角形の底角が等しいことを使った角度の（1）は三角形の内角の和
の問題，（2）は二等辺三角形の性質を利用した問題である。

例題3　同じ印をつけた角は等しい。∠x の大きさを求めなさい。

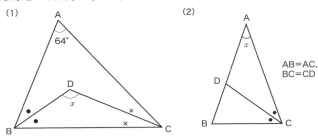

　（1）は大学生に出題すると 128° という誤答が多いが，これは中学で学ぶ円
周角の定理を間違って適用してしまうためと思われる。正しくは三角形ABC
について，

　　　　┇ ＋ ⁝ ＝180°－64°＝116°

　三角形ABCについて，

　　　　● ＋ × ＝（**┇** ＋ ⁝ ）÷2＝116°÷2＝58°

より　　∠x ＝ 180°－58°＝122°

　（2）は三角形ABCがAB＝ACより二等辺三角形であることから

　　　　∠ACB ＝ ∠ABC ＝ **┇**

　同じく三角形CBDがBC＝CD より二等辺三角形であることから

　　　　∠DBC ＝ ∠BDC ＝ **┇**

　∠DCB ＝ ● より，三角形CBDの内角の和は5 × ● ＝180°より ● ＝36°，こ
れは∠x と等しいから，

　　　　∠x ＝ 36°

　とくに二等辺三角形を探してその性質を使って解いていく問題は多く，こ
の節の最後にいくつか例題をあげたので解き方を調べてみよう。

2) 面積の問題

図形の面積は，教科書レベルをかなり拡張し
てさまざまな面積の問題が出題されている。た
とえば，図表15-5のように，1辺が6cmの正方
形に外接する円の面積を求める問題も出題され
ている。この場合，円の半径の長さを求めると
正方形の対角線から円の半径rは$\dfrac{6}{\sqrt{2}}$ cm とな
って平方根が必要となり，小学校算数の範囲か
ら逸脱する。しかし1辺の長さがrの正方形は
もとの正方形の面積の半分なので，$6 \times 6 \div 2 =$
18より$r \times r = 18\,\mathrm{cm}^2$であることがわかる。こ
れから円の面積はrを求めなくても$r \times r$がわかればよいので，

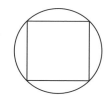

1辺の長さが6cmの正方形の外側に円が
接している。この円の面積を求めよ。

⬇ 正方形部分を取り出して

図表15-5

$$r \times r \times 3.14 = 18 \times 3.14 = 56.52$$

より$56.52\,\mathrm{cm}^2$であるとして求めている。

また図形の合同を使った次のような面積の問題もよく扱われる。

例題4　図はおうぎ形である。網かけ部分の面積を求めよ。

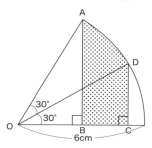
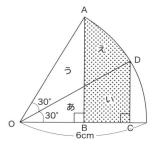

この問題では三角形AOBと三角形OCDにおいてAO，ODはともにおうぎ
形の半径なのでAO＝OD，残りの角も求めるとこの2つの三角形は合同な図形
となることが明らかであるので，これを使って次のようにして答えを求める。

まず，このおうぎ形と三角形で区切られる部分をあ，い，う，えとする。こ
こで三角形AOBと三角形OCDは合同なので面積も等しい。したがって，

「う」の面積＋「あ」の面積＝「い」の面積＋「あ」の面積

　この問題については，中学生の幾何の論証の知識で説明できる。補助線を引いてつくった三角形の合同を証明することや，さらに証明したことを使って，四角形BFECと四角形ABCDの面積の比を考えることで説明できる。

【証明】　△BEF と△BECにおいて，

　　BF＝BC…①　　BE共通…②

　　∠BFE＝∠BCE＝90°…③

　　①②③より直角三角形の斜辺とほかの1辺がそれぞれ等しいので△BEF≡△BECよって，合同な三角形の対応する辺は等しいので

　　FE＝CE

　ここで，BC＝a，CE＝bとおくと，

四角形BFEC＝△BEF＋△BEC＝$\dfrac{1}{2}ab+\dfrac{1}{2}ab=ab$

四角形ABCD＝a^2

　重なった部分の面積が1枚の折り紙の面積の半分になるようにするには，$2ab=a^2$となればよい。

　よって，$b=\dfrac{1}{2}a$となればよいので，点EがCDの中点となるようにすればよい。（証明終）

　5）　論理に関するパズル　「赤い帽子と白い帽子」

赤い帽子が3つ，白い帽子が2つある。

A，B，Cの3人が図のように同じ向きに一直線に並んでおり，それぞれに5つの帽子の中の1つをかぶらせ，残りの帽子を彼らにわからないように隠した。AはBとCの帽子が見え，BはCの帽子だけが見え，CはAもBも見えない。また，自分の帽子の色は見えない。

ある人が，Aに「あなたの帽子は何色ですか？」と質問すると，Aは「わからない」と答えた。次に，Bに同じ質問をすると，Bも「わからない」と答えた。ところが，このやりとりを聞いていたCは，最後にCに同じ質問をすると，ずばりと自分の帽子の色を言い当てた。

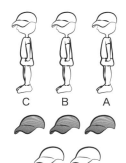
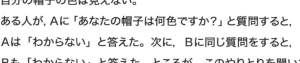

さて，Cは何色の帽子をかぶっていたでしょう。また，Cはどのように考えたのでしょう。

参考　多湖輝「頭の体操　第1集」光文社，1999年，pp.125-126

　論理に関するパズルは子どもたちが好きなパズルの1つであり，与えられた条件から結論を導くために試行錯誤するなかで論理的思考力を養うことができるだろう。論理の指導については，本書にも詳しく掲載されている。

　この例は，背理法を使って説明することができる。背理法の仕組みを簡単に説明すると図の通りである。詳しくは，前原昭二と田村三郎らの参考文献を参考にしてほしい。

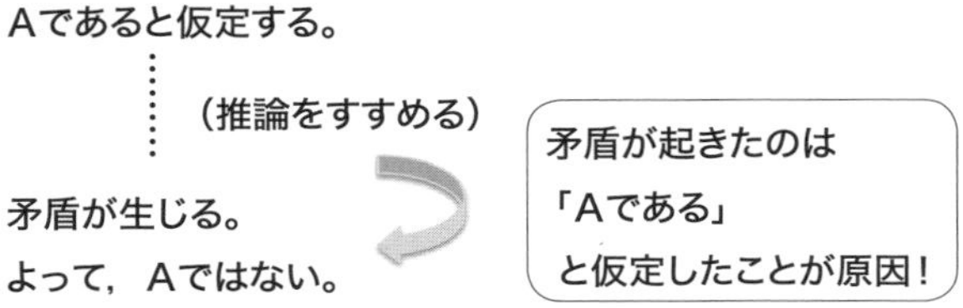

Aであると仮定する。

（推論をすすめる）

矛盾が生じる。
よって，Aではない。

矛盾が起きたのは
「Aである」
と仮定したことが原因！

図表15-12　背理法の仕組み

　では，この例を，背理法を用いて証明する。

【証明】　Cは白い帽子であると仮定する。

　Aがわからないと言った。白い帽子は2つなので，Bは白い帽子ではない。

　つまりBは赤い帽子である。

　しかし，Bはわからないと言った。

　矛盾である。

　よって，Cは白い帽子ではない。

　つまり，Cは赤い帽子である。（証明終）

確認問題

　1　52円切手と82円切手を合わせて何枚か買ったら代金は1250円だった。しかし，それぞれの切手の買う予定の枚数を間違えて逆にしていたので，それぞれ正しい枚数で買い直したところ代金は1430円だった。正しい枚数はそれぞれ何枚なのか。この問題を面積図を用いて考えよう。

2　次の各図で∠xの大きさを求めよう。

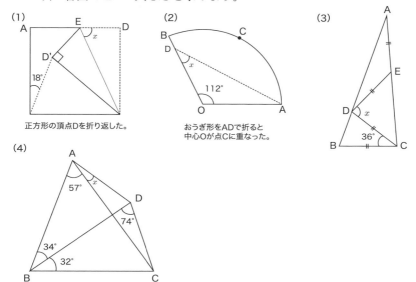

(1)
正方形の頂点Dを折り返した。

(2)
おうぎ形をADで折ると
中心Oが点Cに重なった。

(3)

(4)

3　この章の図表15-1（211ページ）の問題を解こう。

4　算数パズル（223〜230ページ）のなかから好きなパズルを１つ取りあ
　げて，そのパズルを数学的に証明して解説しよう。

引用・参考文献・より深く学習するための参考文献
・多湖輝『頭の体操　第１集』光文社，1999年
・田村三郎『数学パズルランド』講談社，1992年
・田村三郎・荒金憲一・平井崇晴『論理と思考』大阪教育図書，1997年
・藤村幸三郎・田村三郎『パズル数学入門――楽しみながら学ぶために』講談社，1977年
・前原昭二『記号論理入門』日本評論社，1967年
・松田道雄『パズルと数学Ⅰ』明治図書出版，1958年

執筆分担

守屋誠司（もりや・せいじ）＝編著者，はじめに，第1章，第2章，第3章，第12章，第13章，第14章
元玉川大学教育学部教授，京都教育大学名誉教授，博士（情報科学）

太田直樹（おおた・なおき）＝第4章
福山市立大学教育学部准教授，修士（教育学）

後藤　学（ごとう・まなぶ）＝第5章，第6章
白鴎大学教育学部准教授，修士（学術）

中込雄治（なかこみ・ゆうじ）＝第7章，第8章
宮城学院女子大学教育学部教授，博士（学校教育学）

加藤　卓（かとう・たかし）＝第9章
東北学院大学文学部教授，修士（教育学）

植野義明（うえの・よしあき）＝第10章
元東京工芸大学工学部准教授，理学博士

河﨑哲嗣（かわさき・てつし）＝第11章
岐阜大学教育学部教授，博士（人間科学）

富永順一（とみなが・じゅんいち）＝第15章第1節
元玉川大学教育学部教授，工学博士

詫摩京未（たくま・きょうみ）＝第15章第2節
びわこ学院大学非常勤講師，博士（情報科学）

教科力シリーズ　改訂第2版
小学校算数

2021年9月30日　初版第1刷発行
2023年5月31日　初版第2刷発行

編著者 ——— 守屋誠司
発行者 ——— 小原芳明
発行所 ——— 玉川大学出版部
　　　　　〒194-8610　東京都町田市玉川学園6-1-1
　　　　　TEL 042-739-8935　FAX 042-739-8940
　　　　　http://www.tamagawa.jp/up/
　　　　　振替 00180-7-26665
装幀 ——— しまうまデザイン
印刷・製本 ——株式会社ユー・エイド